八王子、37歳、写真家

小松さんが愛用するドイツ製の二眼レフカメラ。

今回の手の持ち主は異色の女性写真家。結婚しても子供がいても、家族が困難な状況にあっても自分の信じた道を実現しようとする意志の強さを感じた。それは若いころ、死と隣り合わせの高所登山で命と向き合ってきたからだろうか。シリア難民と日本の架け橋となる写真家を取材した。

photo & text
関　健作
KENSAKU SEKI

［上］小松さんが撮影したシリア難民たちのポートレート。時間をかけ関係と信頼を構築し、撮影主旨を理解してもらう。一人一人じっくり向き合いながらレンズを向けるのが彼女のスタイル。
［下］取材ノートに現地の人たちの言葉を事細かく書き留める。

●せき・けんさく　1983年、千葉県に生まれる。2006年、順天堂大学・スポーツ健康科学部を卒業。2007年から3年間体育教師としてブータンの小中学校で教鞭をとる。2010年、帰国して小学校の教員になるがすぐに退職。現在フリーランスフォトグラファー。
［受賞］2017年　第13回「名取洋之助写真賞」受賞／2017年　APAアワード2017　写真作品部門　文部科学大臣賞受賞
［著書］『ブータンの笑顔　新米教師が、ブータンの子どもたちと過ごした3年間』（径書房）2013
［写真集］『OF HOPE AND FEAR』(Reminders Photography Stronghold) 2018／『名取洋之助写真賞　受賞作品　写真集』（日本写真家協会）2017／『祭りのとき、祈りのとき』（私家版）2016

「昔はゴツゴツでガサガサだったんですけどね、今はもう普通の手になりました」

そう話しながら手の平を見せてくれたのは、写真家の小松由佳さん。2人の息子をもつママさん写真家だ。彼女の撮るポートレート写真は被写体との距離感が非常に近く、力強く美しい作風が印象的だ。この11月から1歳と3歳の息子さんを連れ、トルコ南部に住むシリア難民を取材するという。遠征直前の小松さんに話を聞いた。

秋田の米農家に生まれた小松さんは幼いころ、毎日山を見て育ったという。大の山好きだった彼女は、高校、大学ともに登山部に所属した。登山にのめり込み、もっともっと高い山へ登りたいと突き詰めた結果、2006年、当時23歳という若さで世界でも二番目に高いK2に登頂を果たした。日本人女性で初めてという快挙だった。勇気ある冒険家に送られる、植村直己冒険賞や秋田県民栄誉章などを受賞し、登山家として華々しいキャリアを重ねたが、その後ゆっくり登山からは離れていった。その理由は、登山以上に心を惹きつけられるものに出会ったからだ。彼女の

2007年までクライマーとして活躍。そのときに使っていた登山用具を見せてくれた。

興味は、山の麓に暮らす人々へとシフトしていった。

登山を封印した小松さんは、日本やユーラシア大陸を旅して周り、そこに生きる人々にレンズを向け始めた。そして写真家としてのキャリアをスタートした。

彼女の撮影スタイルは独特で、デジタルカメラが普及した今の時代に、二眼レフのフィルムカメラを愛用する。1枚にかかるコストが高いし、手間も時間もかかる。じっくりと丁寧に撮影する時間は被写体と向き合う時間なのだそうだ。しかし、一番驚かされるのは、その取材のスタイル。まだ小さな息子さんをどんな場所でも連れて行く。息子さんは自由奔放に動き回るし、あやさなければいけない、撮影やインタビューも邪魔されてしまう。だから当然、取材に集中できる時間も限られてしまう。

「なかなか集中して、被写体と向き合えないんです」と、穏やかな表情で淡々と話してくれた。同じ写真家として、親として、撮影と子守の両立の困難さは身にしみている。相当厳しい撮影環境だなと感じとれた。しかし小松さんには息子を連れて行かな

い選択肢はないという。幼子にとって母親は必要な存在で、離れるのは自然ではない。それに、彼らのルーツであるシリアの文化を肌で感じさせたいと小松さんは話す。実は、小松さんの夫であるラドワン・アブドゥルラティーフさんはシリア人なのだ。2008年にシリアで出会い、惹かれあった2人。シリアで内戦が始まり、2012年に難民になりヨルダンに逃げたラドワンさん。それでも2人はつながり続け、2013年に結婚した。母親になった今でもシリアの人々への取材はライフワークである。

「シリア難民が今どのような暮らしをしているのか記録し続け、少しでも伝えていきたいと思っています。この活動が少しでも難民の方々のためになることを願って。」

実際に現地へ赴き、顔を見て交流しなければ分かり合えないことがある。彼らのリアルなストーリーを伝えることで、少しでも相互理解につながったらとの思いで活動を続けている。

彼女がこれからどんな作品を発表していくのか、目が離せない。

ONE TEAMの象徴となったリーチマイケルは4年後への挑戦を表明した。

ONE TEAM

　ラグビーは日本人に向かないと言われてきた。190cm、100kgを超える巨躯が50mを6秒台で駆け、強烈なタックルを見舞う。体格で劣る日本人には不利な要素ばかりだ。実際、2015年のワールドカップ以前の戦績は悲惨だった。そんな日本が今や世界からも一目置かれる存在になった。

　ラグビーにはワールドラグビーが憲章で掲げる5つの理念がある。激しい戦いだからこそフェアプレーに徹する品位、仲間のために身体を投げ出す結束、チームのために与えられたタスクを徹底する規律、ノーサイドの精神に表される他者への尊重。そしてラグビーに魅せられた男たちの情熱。

　ワールドカップで連戦連敗を続けた時代にも、火を絶やさなかった先人たちの情熱がなければ、今回の日本開催はなかっただろう。そして、忘れてならないのは外国にルーツをもつ選手たちの存在だ。

　ラグビー後進国で楕円を追いかけることを決意した彼らなくしてこの躍進はない。何故、彼らは日本代表として戦うことを選んだのか。それは言葉も文化も異なる日本人の温かさに魅了されたからだろう。その意味で今大会の躍進はラグビー界全体がONE TEAMとなって掴んだ快挙だった。

[写真・文] 髙須　力　たかす・つとむ

東京都出身。2002年より独学でスポーツ写真を始め、フリーランスとなる。サッカーを中心に様々な競技を撮影。ライフワークとしてセパタクローを追いかけている。日本スポーツプレス協会、国際スポーツプレス協会会員。http://takasutsutomu.com/

[第8回]

season2
スポーツの 力

学校教育・
実践ライブラリ

Vol. 8

気にしたい子供への指導と支援

外国につながる子・障害のある子・不登校の子の心をひらく

Contents

島・島・島の個性を楽しむ

笠岡諸島［岡山県］

雲ひとつない青空が広がる11月、岡山県の笠岡諸島を訪れました。新幹線が停車する福山駅からローカル線に乗り換え15分で到着する笠岡市には、7つの有人島があります。北から、高島、白石島、北木島、真鍋島、大飛島と小飛島の2島が総称で呼ばれる飛島（ひしま）、そして最南端にある六島（むしま）。7島あわせて約1600人が暮らしています。

まずは笠岡駅からタクシーで数分の伏越港からフェリーに乗って北木島へ。最近ではお笑い芸人「千鳥」の大悟さんが育った島としても知られるようになりましたが、元は「北木石」と呼ばれる良質な花崗岩がとれる「石の島」として名を馳せた島です。

この日、同行していた若手スタッフと島を歩いていたところ、金風呂という集落で石切場を発見。見学できるようなので、寄ってみることにしました。

案内役のおじちゃんの後に続き、気楽な心地でついていくこと3分程度。なにやら深そうな谷の上に設置された見学台に到着すると、嫌な予感……。70〜80メートルあろうかという深さの上に設置された見学台は、さながらバンジージャンプのスタート地点。足がすくむ恐怖のなか、見学台に立ち、谷を覗き込むと……怖っ！「キュイーン」「ゴォー」という石

いさもと・あつこ　1982年生まれ。大分県日田市出身。NPO法人離島経済新聞社の有人離島専門メディア『離島経済新聞』、季刊紙『季刊リトケイ』統括編集長。地方誌編集者、経済誌の広告ディレクター、イラストレーター等を経て2010年に離島経済新聞社を設立。地域づくりや編集デザインの領域で事業プロデュース、人材育成、広報ディレクション、講演、執筆等に携わる。2012年ロハスデザイン大賞ヒト部門受賞。美ら島沖縄大使。2児の母。

NPO法人離島経済新聞社
統括編集長
鯨本あつこ

を切る音が谷に響き渡るなか、わずか数分の見学時間はその何倍にも長く感じられました。切り出した石を運ぶのか、谷の底には重機も見えましたが、おじちゃんは重機を指差し「ああいうのが3つほど埋まっているんだよ」とぽつり。石の島のダイナミックな一面を垣間見ました。

さて、お次は真鍋島に渡ります。北木島から定期船で15分。真鍋島に降り立つと、石の風景から一変。木板の壁を黒く塗った木造家屋が立ち並ぶ、古き良き漁村の風景がありました。港ではぽかぽか陽気のなかで猫たちが日向ぼっこ。周囲7.6kmの小さな島には、かつて瀬戸内海で隆盛を極めた水軍にまつわる史跡も見られ、歴史ロマンに思いを馳せながら猫たちに癒される時間を過ごしました。

ここからさらに海上タクシーで六島に向かいます。時刻は夕方。人口60人の島に到着すると、港のそばで6〜7人のおじちゃんたちがドラム缶を囲んでいました。実は、六島は同行スタッフが学生時代にインターン生として通っていた島で、おじちゃんたち

は彼を見つけるなり「おー、おかえり」と慣れた様子で声をかけ、「飲んでいけ」「食っていけ」と、缶ビールとヒラメの刺身を差し出してくれました。

すっかり陽が暮れて気温も下がってきたところ、島のこと、島を訪れる人のことなどを話題に会話をしてはワハハと笑い合うおじちゃんたちと、ドラム缶の中で赤々と燃える火が、心身を温めてくれます。

この日、この場所におじちゃんたちが集っていたのはたまたまではありません。この会は通称「ドラム缶会議」と呼ばれ、スタッフ曰く「毎日17時くらいにおじちゃんたちが集まってきて、ドラム缶を囲みながらお酒を飲んでいる」とのこと。飲食店のない小さな島にある憩いの場は、アウトドアながらも茶の間のように温かい場所でした。

日本の島々には2つとして同じ個性の島はありませんが、笠岡諸島にもまた多様な個性を楽しめる島々がありました。島へお出掛けされる際には、1島よりも2島、3島と渡り歩き、その違いを楽しむことがおすすめです。

写真左◉北木島の石切場。「北木石」は大阪城の石垣や、明治神宮、靖国神社にも用いられています
写真中央◉真鍋島の海岸で昼寝をする猫。猫好きも多く訪れるそうです
写真右◉ドラム缶会議の肴。新鮮なヒラメの刺身は絶品でした

STEAM教育のAは「リベラルアーツ」

教育ジャーナリスト
渡辺敦司

　新しい時代の初等中等教育の在り方を検討している中央教育審議会で、論点整理案が固まりつつある。この中で、STEAM（科学、技術、工学、芸術、数学）教育のうちA（Arts）を「リベラルアーツ」と捉えた上で、総合的な学習の時間や高校の総合的な探究の時間・理数探究を核に実施を求める方向になっている。

●文学、歴史にまで拡張

　4月の諮問では、高校教育の在り方として「STEM教育の推進」が検討事項に盛り込まれていた。これを受けて、9月4日に開かれた初等中等教育分科会の教育課程部会では、国立教育政策研究所（国研）の松原憲治総括研究官らがヒアリングに応じ、その内容は10月15日の「新しい時代の高等学校教育の在り方ワーキンググループ（WG）」や、その上部組織である「新しい時代の初等中等教育の在り方特別部会」の同25日会合にも報告された。

　そこでは、諸外国の例を参照しながら、「統合型のSTEAM教育」の目的には①科学・技術分野の経済的成長や革新・創造に特化した人材育成を志向するもの②すべての児童生徒に対する市民としてのリテラシーの育成を志向するもの——があると整理。さらに、初期のSTEAM教育を「統合型STEM教育にArts（デザイン、感性等）の要素を加えたもの」だとした上で、近年では▽現実社会の問題を創造的に解決する学習を進める上で、あらゆる問いを立てるために、Liberal Arts（A）の考え方に基づいて、自由に考えるための手段を含む美術、音楽、文学、歴史に関わる学習などを取り入れるなどSTEM教育を広く横断的に推進していく教育▽取り扱う社会的課題によって、STEMを幹にしてART/DESIGNやROBOTICS、E-STEM（環境）など様々な領域を含んだ派生形が存在し、さらには国語や社会に関する課題もあり、いわゆる文系、理系の枠を越えた学びとなっている——との考えが紹介されている。

　その上で、STEAM教育と新学習指導要領の「総合的な探究の時間」や共通教科「理数」に親和性があることを一覧表で示しながら、教育課程部会では主に▽STEAM教育は、課題の選択や進め方によっては強力な学ぶ動機付けとなる。そのためにはSTEAMのAの範囲を芸術、文化、経済、法律、生活、政治を含めた、できるだけ広い範囲として捉え、定義することが重要▽高校新指導要領の総合的な探究の時間・理数探究と、STEAM教育とは滑らかにつながっている。これらの関係性をしっかりと学校に伝えていくことが重要▽STEAM教育などの教科等横断的な学習を高校で進める上では、普通科、専門学科、総合学科など学科の別も考慮する必要がある▽特に学習意欲に

課題を抱える生徒が集まる学校で探究的な学習をどのように進めるかは、これからの課題▽小学校の生活科から、小・中学校の総合的な学習の時間、高校の総合的な探究の時間に至る学習経験や資質・能力の積み重ねを考えることも重要▽STEAM教育などの教科等横断的な学習を進める上では、各教科の学習を学校段階で円滑に接続させることも重要──という意見があったとしている。

また、高校WGの主な意見には▽STEAM教育については、新指導要領下における実践展開の選択肢の一つとして位置付けることが穏当。新指導要領とSTEAM教育との親和性は十分に高い。STEAM教育の「学際科学」的視点を総合的な探究の時間に導入することは、幼・小・中・高を見通した総合的な学びの体系全体にとっても、大きな可能性がある▽STEAM教育の導入により、格差が生じる可能性について危惧しており、STEAM教育は全ての高校に導入する必要があるのか▽現在、厳しい立場にある生徒ほどSTEAM教育や探究学習が必要。米国の調査では、ドリル学習だけでは格差が拡大するという結果もある。STEAM教育のレベルをどうするかは検討の必要があり、エリーティズムではないSTEAMの在り方が必要。学習意欲に課題がある生徒にはSTEAM教育や総合的な探究の時間は難しいという議論があるが、実際にやってみると全く違う▽STEAM教育の導入には、現場への分かりやすさが必要。ステークホルダーの納得を分かりやすく得られるような見えやすい姿があるとよい。総合的な探究の時間とSTEAM教育をクロスさせる具体的な単元イメージがあったほうがよい──があったとしている。この中には慎重な意見も含まれているが、特別部会長で高校WG主査の荒瀬克己・大谷大学教授は「懸念も大事にしながら進めていこう、という議論だ」と補足した。

●大学から高校、初中全体の課題に

STEAM教育をめぐっては、学習指導要領の改訂を提言した16年12月の中央教育審議会答申にも、プログラミング教育や算数・数学、理科に関連してＡのないSTEM教育に関する言及がある。これを受けて、17年3月と18年3月に告示された新指導要領では、理数教育の充実が図られた。

一方、18年6月の文部科学省「Society 5.0に向けた人材育成に係る大臣懇談会」省内タスクフォース（特別作業班、TF）報告「Society 5.0に向けた人材育成〜社会が変わる、学びが変わる〜」では「文理分断からの脱却」を掲げる中で、大学に「STEAMやデザイン思考などの教育」を求めていた。

さらに、19年5月の教育再生実行会議第11次提言では「技術の進展に応じた教育の革新」として、初等中等教育段階でSTEAM教育を推進するため、総合学習や総合探究、理数探究等で問題発見・解決的な学習活動の充実を図ることを提言した。

経済産業省が6月にまとめた「『未来の教室』ビジョン」（「未来の教室」とEdTech研究会第2次提言）でも、①学びのSTEAM化②学びの自立化・個別最適化③新しい学習基盤づくり──を柱に据えている。

Society5.0時代への対応を課題とする政府部内の様々な思惑もからみながら、文科省の初中教育行政では今後、高校に限らず小・中学校でも、新指導要領の下で総合学習や総合探究・理数探究を核としたカリキュラム・マネジメント（カリマネ）により、Ａをリベラルアーツ（一般教養）と広く捉えたSTEAM教育を推進することが求められていくものとみられる。

教育関係者向け総合情報サイト

 ぎょうせい 教育ライブラリ

Since 2019

● 『学びのある』学校づくりへの羅針盤をコンセプトに、教育の現在に特化した情報サイトです。

「お気に入り」登録を!

https://shop.gyosei.jp/library/

▼「ぎょうせい教育ライブラリ」トップページ

「学校教育」の現場で今すぐ役立つ情報を発信していきます。

教育の現在が分かる無料メルマガ「きょういくプレス」会員受付中

〒136-8575
東京都江東区新木場1-18-11
TEL0120-953-431
株式会社 ぎょうせい

気にしたい子供への指導と支援
外国につながる子・障害のある子・不登校の子の心をひらく

入管法改正による外国籍児童の増加をはじめ、障害のある子・不登校の子など、教師にとって多様な背景を抱える子供たちへの対応はますます重要な課題となっています。「気になる子」から「気にしたい子供」へ。誰ひとり取り残すことなく必要な学びを提供するための指導と支援の在り方とは——。子供への声かけから、クラスづくり、保護者・家庭支援まで、先進事例も交え、教師がとるべき手立ての具体を考えます。

特別な配慮を必要とする児童生徒を取り巻く状況と取組課題

神田外語大学客員教授
嶋﨑政男

「特別な配慮を要する児童生徒」への支援・指導

　今次改訂された学習指導要領では、小・中・高等学校とも、新たに「児童（生徒）支援」が設けられた（各校種「第1章　総則」小：第4、中：第4、高：第5款）。いずれの校種も構成・内容に大差はなく、「児童（生徒）の発達を支える指導の充実」と「特別な配慮を必要とする児童（生徒）への指導」から構成され、前者では、全ての児童生徒が現在及び将来における自己実現が図れるよう、学級（ホームルーム）経営、生徒指導、キャリア教育、個に応じた指導の充実が求められ、後者では、特別な配慮を必要とする児童生徒への支援の在り方が詳述されている。

　「特別な配慮を必要とする児童生徒」は、心身に困難のある障害児、家庭の問題で悩むことが多い被虐待児や貧困家庭に育つ子供、不登校やいじめ被害等により支援を求める子供、学齢超過者、性的少数者等多岐に及ぶ。いずれのケースも、全教職員が「学習指導要領解説　総則編」等を参考に、個々の児童生徒の「困難さ」への共通理解を図り、指導体制を整えて組織的に取り組まなければならない。

　本稿では、学習指導要領で取り上げられた、①障害のある児童生徒、②海外から帰国した児童生徒や外国人の児童生徒（「日本語の習得に困難のある児童生徒」）、③不登校児童生徒について、その現状と取組課題について整理する。

障害のある児童生徒等への支援・指導

　平成18年、学校教育法等が改正され特別支援学校の制度が創設されると同時に、特別な支援を必要とする児童生徒に対し、障害による困難を克服するための教育が行われるようになった。

　その後、障害者基本法の改正（平成23年）、障害者権利条約の批准（同26年）、障害者差別解消法の施行（同28年）、発達障害者支援法の改正（同28年）等を踏まえ、障害のある児童生徒等への教育支援体制が整備されていった。

　特別支援学校に在籍する児童生徒数は、年々増加しており、通常の学級においても障害の状態等に応じた指導内容・指導方法の工夫が必要になってきている（図1）。各学校においては、障害のある者と障害のない者が共に学ぶインクルーシブ教育を見据え、「発達障害を含む障害のある幼児児童生徒に対する教育支援体制整備ガイドライン」（平成29年、文部科

（人）

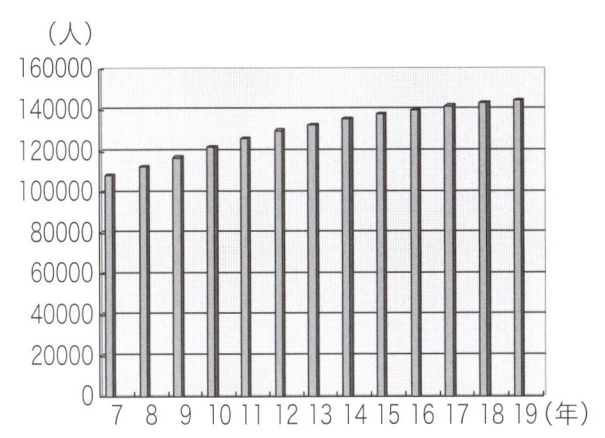

図1　特別支援学校の児童生徒在籍数の推移

学省）等を基に、障害のある児童生徒等への支援・指導体制を確立することが求められている。このための課題を以下に記す。

①すべての教職員が特別支援教育の意義・内容等について理解を深める

　学校教育法（第81条第1項）には、幼稚園、小学校、中学校、高等学校等において、障害のある児童生徒等に対して、障害による学習上または生活上の困難を克服するための教育を行うことが規定されている。このためには、全ての教職員が障害の種類や程度を的確に把握し、障害の状態や特性及び心身の発達の段階等に応じた指導内容や指導方法を工夫する等、個に応じた特別な配慮を行うことのできる力量を身に付ける必要がある。

②校内指導体制を整備し、組織的・計画的に取り組む

　特別支援教育委員会を設置し、特別支援教育コーディネーターを中心に、通常学級に在籍する障害のある児童生徒の情報交換や指導法の工夫改善に取り組む学校は多い。全ての学校が、特別支援教育充実のための校内委員会を活性化し、障害のある児童生徒等の支援・指導への組織としての実践的指導力を高める必要がある。

　特別支援教育の意義は、「障害の程度」に応じた教育から、「障害のある児童生徒一人一人のニーズ」に応じる教育への転換にある。全教職員がこの点を深

く自覚し、特別支援教育支援員やスクールカウンセラー等も含めた校内体制を整備することが求められる。

③個別の困難さに応じた支援・指導を行う

　全教職員が障害のある一人一人の児童生徒の特性・支援法・留意点についての理解を深め、「いつでも、どこでも、だれでも」が適切な支援に当たることができることが大切である。このためには、個々の児童生徒の教育支援計画を作成・活用する必要がある。年度始めには、その概要版で全教職員が理解を深める機会を設ける等の取組が求められる。

④家庭・関係機関等との連携を密にする

　特別支援学校の地域のセンター機能を活用し、指導法の工夫改善を図るための校内研修会を実施したり、「交流及び共同学習」の具体化を進めたりすることも重要である。また、日頃から家庭との連携を進めるとともに、障害の状況により、医療、福祉、保健、労働等の関係機関の専門性を生かす支援体制の整備に留意する必要がある。

海外から帰国した児童生徒等・外国人の児童生徒等への支援・指導

　小学校・中学校・高等学校の学習指導要領では、見出しの「外国人」の部分が「日本語の習得に困難のある」となっている。文化・習慣等の違う環境に戸惑う中、コミュニケーションの中核となる「ことば」が理解できない状況がいかに過酷なものであるか、容易に想像がつく。日本語指導が必要な外国籍の児童生徒数は、平成30年度には4万人を超え（4万485人）、日本国籍の児童生徒1万274人を加えると、日本語指導が必要な児童生徒数は5万人以上となる（図2）。

　文部科学省の調査（平成30年度）によると、支援員の配置や放課後補習等の特別な日本語指導を受け

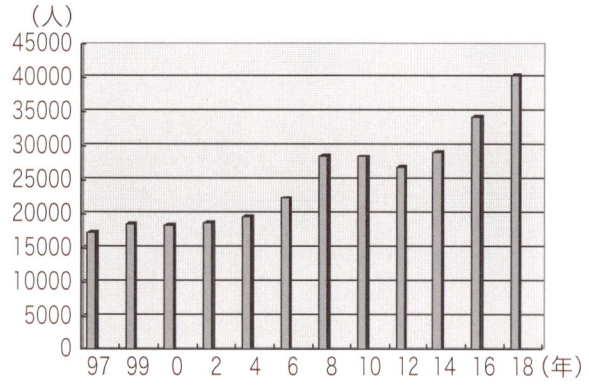

図2　日本語指導が必要な外国籍の児童生徒

ていなかった割合は２割に及び、小中学校に通っていない可能性のある外国籍の子供も約２万人いるという。幼いころに来日し、母国語も日本語も苦手な「ダブルリミテッド」の問題も深刻である。

　日本語指導においては、児童生徒等一人一人の状況に応じて、組織的・計画的に進めることが大切である。全教職員が個々の児童生徒等の日本語習得状況を把握し、学習指導における指導法や生徒指導における規則の母国語表示等を工夫する必要がある。また、生活習慣の違い等により周囲の者と軋轢が生じることのないよう、全校児童生徒等との異文化理解を深める活動を工夫したり、帰国した（あるいは外国人の）児童生徒等が外国での生活経験を生かせる場面を増やしたりするなどして、学校での所属感や自尊感情を高める教育の在り方を検討する必要がある。

　日本語習得や集団適応に課題があるときは、教育委員会と指導員（通訳）の派遣や日本語指導学級への通級を協議したり、外国籍の子供を支援する専門人材やNPO法人等に支援を依頼したりするなど、学校外の資源の活用が効果的である。このようなネットワークの構築も課題の一つである。

不登校児童生徒への支援・指導上の課題

　小中学生の不登校調査は、昭和41（1966）年度から行われている。何らかの心理的、情緒的、身体的、あるいは社会的要因・背景により、登校しないあるいはしたくともできない状況にある（病気や経済的理由によるものを除く）児童生徒について、平成２（1990）年度までは、年間50日以上欠席した場合を計上していたが、翌年度から「30日以上」に変更された。

　この調査から千人比の推移（平成３年度から８年間は50日・30日の双方を調査しているので、平成２年度までは「50日以上」を「30日以上」の推計値として作成）を表したものが図３、４である。

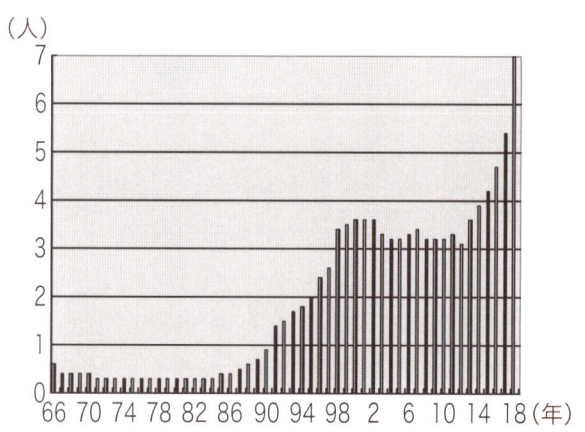

図3　小学生不登校児童千人比の推移

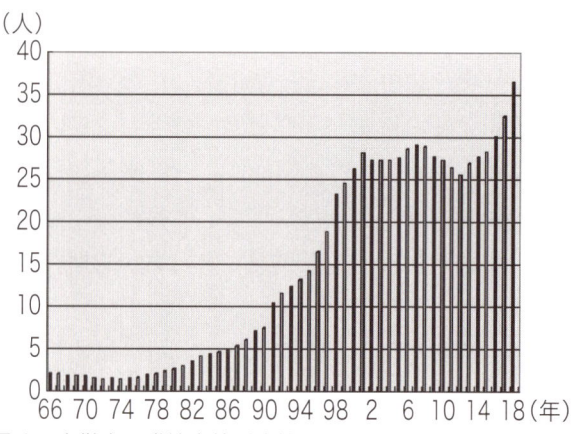

図4　中学生不登校生徒千人比の推移

これによると、小・中学生ともに増加の一途を辿っており、多少の年度のズレや比率の違いはあるものの、グラフの形状（平準期・増加期・急増期・高原期・再増期に分けられる）が似通っていることが分かる。

当初、不登校は個人の特性や親の養育態度等が主因と考えられ、治療の対象とされていたが、増加期に入ると、学校の病理性を問う「学校要因論」が台頭し、学校否定の意義を強調し不登校の権利を主張する「不登校運動」が生まれ、その後長い論争史が展開されてきた。

この間、文部（科学）省は、(1)「登校拒否問題の対応について」（平成4年）、(2)「不登校への対応の在り方について」（平成15年）、(3)「不登校児童生徒への支援の在り方について」（平成28年）、(4)「不登校児童生徒への支援の在り方について」（令和元年）と、4回通知を発出した。第1回通知では「どの子にも起こりうる」という表現が話題となり、第2回通知ではその考え方は踏襲しつつも「ただ待つだけでは改善にならない」という文言が入れられた。第3回目の通知では、「登校という結果のみを目標としない」等、新たな視点が加えられ、第4回通知はほぼその内容を引き継いでいる。

第4回通知には、これまでの通知等について「本通知をもって廃止」する旨の記述があるので、以下例示する不登校児童生徒支援の課題等については、第4回通知を踏まえた取組を推進する必要がある。

①不登校支援の視点を共通理解する

第3回通知が出された年に成立した「義務教育の段階における普通教育に相当する教育の機会の確保等に関する法律」第13条にも「個々の不登校児童生徒の休養の必要性を踏まえ」とある。学習指導要領解説　総則編の「児童生徒の発達の支援」には、「不登校生徒の状況によっては休養が必要な場合があることも留意しつつ」とある。各学校においては「休養」の意味を正しく理解し、不登校の状況を見据え

た支援を進めることが求められる。

②不登校児童生徒の状況に応じた支援を行う

通知には、「『学校に登校する』という結果のみを目標にするのではなく」という記述があるが、一方で「学業の遅れや進路選択上の不利益や社会的自立のリスクが存在することに留意すること」とある。「生徒指導資料第22集」（文部省）には、「学校や教師は（略）努力すれば成果があげられるという確信のもとに実践を深めて欲しい」と、学校への期待が述べられている。不登校児童生徒の状況に応じた支援は引き続き真摯に取り組まなければならない。

③学校全体で組織的に取り組む

不登校対応は、校内でプロジェクトチームを設け、校内外の多様なリソース（資源）を活かした組織的取組が効果的である。その際、個別支援計画を作成し、保護者と十分連絡を取り合いながら、不登校児童生徒の状況に合わせた方法を工夫する必要がある。

④関係機関との連携を図る

不登校児童生徒の態様（きっかけ、個人特性、家庭環境等）によっては、医療的・心理的・福祉的な対応が必要な場合がある。多様な視点からのケース検討会で、アセスメント（見立て）を適正に行うとともに、適応指導教室やフリースクール等に通所している児童生徒については、それらの機関との連携を密にとりながら支援を進めることが大切である。

Profile

しまざき・まさお　神田外語大学客員教授。公立中学校教諭・教頭・校長、東京都立教育研究所指導主事、福生市教育委員会指導室長・参事を経て神田外語大学教授。日本学校教育相談学会名誉会長、千葉県青少年問題協議会委員、千葉県いじめ調査委員会副委員長、9県市でいじめ対策委員長等を務める。主な著書に『学校崩壊と理不尽クレーム』集英社、『脱いじめへの処方箋』ぎょうせい、『いじめの解明』第一法規、『ほめる・しかる55の原則』教育開発研究所等。

子供への声かけに自信がもてる カウンセリング感覚

岐阜大学大学院准教授
柳沼良太

学校には、発達や言動において気にしたい子を見かけることがある。「子供にはそれぞれ個性や特性があるのだから、温かく見守ればよい」と言われることもあるが、困った様子や寂しげな様子を放置しておくと、後で大きな問題に発展することもある。こうしたときに、臨機応変に適切な一言をかけ、迅速かつ丁寧な対応を取りたいところである。

ただし、気にしたい子にどう声をかければよいか分かりにくいところもある。例えば、教師が気にしたい子に「どうかしたの？」「大丈夫？」と聞けば、「別に」「何でもない」「ほっといて」と軽く流される。子供が失敗したときに、「どうしてそんなことをしたの？」と聞いても、「分からない」「うざい」と反発されることもある。こうしたときは、「どうしたら分かってくれるのだろう」と困惑してしまうものである。

こうした気にしたい子への声かけで大事にしたいのは、カウンセリング感覚である。ここでいうカウンセリング感覚とは、子供一人一人の心を受容し、共感的に理解し、肯定的に支えていこうとする意識である。その前提には、子供の存在を尊重して、自己重要感を満たし、成長を促していこうとする愛情がある。こうしたカウンセリング感覚がなぜ大事になるか、気にしたい子にどう具体的に声をかけたらよいかを考えてみたい。

カウンセリング感覚で子供の話を聞く

教師が気にしたい子にどのように声をかけたらよいだろうか。例えば、ある子が勉強についていけず悩んでいれば、教師としては「もっと真面目に勉強しなさい」と言いたくなる。子供が友達との関係でうまくいっていないと、「相手を思いやらないとダメだよ」などと助言したくなる。しかし、教師からこうした客観的な事実に基づいて冷静な正論を言われても、子供の心にはなかなか響かない。

そもそもそうした立派なことができないから、教師が気にしたくなる問題行動を起こしているのである。子供はこうした教師とのやりとりの中で、自分を全く理解してもらえず、否定的な言葉ばかりかけられていると、「先生は分かってくれない」「何を言っても無駄だ」と思い、不信感を募らせることになる。

気にしたい子が求めているのは、先生からの立派な正論や行動の指図ではなく、困っている自分の心を共感的に理解してもらうことである。それゆえ、まずカウンセリング感覚をもって子供の声を聞き、子供の心を受容するところから始めたい。ここでのポイントは、子供に愛情をもち、「あなたのことが大事である」という思いを込めて接することである。

　教師が「気にしたい子」を、単に「問題に悩む子」や「厄介な子」ではなく、「問題にチャレンジする子」「解決しながら成長する子」として見られるようになると、物事を前向きに捉えられるようになり、ポジティブな言葉をかけられるようになる。教師はいつも「子供の味方」という意識をもち、子供の尊厳を尊重して共感しながら声をかけると、子供の方も自己重要感を満たして、心のエネルギーを高めていくことができる。

子供の文化的背景や価値観に配慮した声かけ

　そもそも気になる子に教師がルールや価値観（社会のルールや規範）を一方的に押しつけようとしても、子供は反発するだけである。たとえ子供が教師の前では権力に屈して、その場では「はい、分かりました」と調子よく答えたとしても、認識が浅かったり、面従腹背だったりすることがある。

　教師が北風のように強圧的な態度で子供のルールや価値観を変えようとしても、子供は態度を硬化させるだけである。それよりも、教師が太陽のようにカウンセリング感覚で子供の心に寄り添い、その見方や考え方を共感的に理解した方が、子供も素直に心を開いてくれる。子供の方としては、自分の心を理解してもらえた喜びや感謝の気持ちから、教師を信頼するようになり、教師の助言も素直に受け入れるようになる。

　教師がこうしたカウンセリング感覚をもっていると、気にしたい子供の姿も違って見えてくる。元来、教師は教育者であるため、日本社会の常識や規範を子供に教え込んで、社会に適応させようとする傾向が強い。しかし、こうした社会の常識や規範も、ある特定の地域（国）や時代に拘束されたものに過ぎないことを、教師も自覚しておく必要がある。

　グローバル化や情報化が進み、価値観がますます多様化する中で、子供たちをとりまく社会環境や生育環境も大きく変わっている。そうした状況を踏まえ、教師も子供たちのリアルな姿や文化的背景を俯瞰して、子供の個性や多様性を広く肯定的に受け止められるようにしたい。そのためには、いつも子供一人一人の多様な生活実態や発達状況を踏まえ、子供たち独自の感じ方や考え方を尊重し、それぞれの子に適したやり方で納得のいくまで話し合うカウンセリング感覚が何より大切になるのである。

気にしたい子へのサポート事例から

　近年、先生方が気にしたい子としてよく挙げられるのは、(1) 障害のある子、(2) 海外から帰国した子、(3) 不登校の子などが多い。それぞれ具体的な事例から手立てを考えてみよう。

(1) 障害のある子

　もし子供に生活しにくさがあるようなら、まず子供を取りまく環境を観察して、カウンセリング感覚で現状を把握することが大切である。そうすると、何が原因で、どのような問題が生じたのか、次に同じ問題が生じた場合はどう対応すればよいかの手立てを考えることができる。こうした記録は、他の先生方や保護者や専門家と情報を共有しながら対応するときにも役立つ。

　子供が何か困ったことがある場合は、「こうしてはダメ」と否定したり「こうしなさい」と押しつけたりするのではなく、「これは困ったね」と共感しつつ、「どうしたらいいかな」と一緒に考えていくことが有効である。例えば、人との関わり方で悩んでいるなら、「どのような言葉をかけると、相手からどのような反応が返ってくるかな」「そのとき、相手はど

ん な気持ちになるかな」「その後、どうなるかな」「どうしたらよりよくなるかな」などを考えるヒントを示していく。このように問題の状況、相手の気持ち、先の見通し、具体的なやり方が分かるようになると、コミュニケーション能力が高まってくる。

　また、障害のある子供には、自分なりの見方や考え方に強いこだわりをもつことがある。その場合も、すぐにそれを否定せず、それを認めることが大事になる。特に、好きなことや得意なことを認め、「こうしたい」「自分ならできる」という意欲を育み、自信や自己肯定感を高めるようにしたい。そうする中で、不得意なことや苦手なことでも、子供の得意なことや興味のあることに結び付けて呼びかけると、集中できるようになる。

　視覚や聴覚に問題を抱えているようなら、「どうしたらよく見えるか（聞こえるか）」を一緒に考えたい。例えば、黒板の字が見えにくいのであれば、「どんな色や形だと見えにくいのか」「どうしたら見えやすくなるのか」をユニバーサル・デザインの見地から改善したい。

　広汎性発達障害や学習障害（LD）・注意欠陥多動性障害（ADHD）などの発達障害には、固有の特徴があるため、医学的なチェックリストに照らして子供を理解することも大事である。専門的な見地から、子供の生きづらさをカウンセリング感覚で共感し、子供の最善の利益と幸福を考えて、保護者や専門家と協力しながら組織的に対応していきたい。

（2）海外から帰国した子

　海外から帰国した子たちは、日本の文化にうまく適応できず困っている場合がある。入管法改正に基づき、外国人子女も今後ますます増えていくだろう。

　帰国した子供たちの場合、基本的な日本語能力だけでなく、文化的なギャップに悩んでいることが少なくない。特に、家庭・地域の文化と学校の文化が合っていないと、どうしても教師に違和感や反発を抱くことがある。そうした場合、教師はこうした子供たちを何とか日本の社会や学校に適応させようとするが、それが逆効果になる場合もある。

　ここでも、まずは教師がカウンセリング感覚をもって、その子供たちの文化的背景や家族の様子を理解し、それを尊重しようとする意識が大事になる。つまり、日本の社会や学校の文化を教え込もうとする前に、それぞれの出身国のよさに共感し理解し合うのである。そして、子供たちの考え方にどのような文化的背景があるか、親（保護者）はどのような教育方針をもっているか、住んでいる地域にどのような事情があるかを理解したい。

　例えば、普段の何気ない会話の中で、「どこの国から（帰って）きたのか」「その国はどのようなところ（社会・学校）だったか」「どのような文化や風習を気に入っているか」などを好意的にたずねると、楽しく心の交流ができるようになる。

　また、欧米から帰国した子供が授業で活発に発言していたところ、浮いた存在になってしまい、周りから同調圧力的ないじめを受けることがある。こうした圧力に屈して閉鎖的になる子供も多いが、互いの違いを尊重し合い、気持ちよく発言し合えるように学級環境を整えていきたい。

　同じ国からきた子供たち同士が集団になって孤立してしまうこともある。こうした場合、同じ国出身の子供たち同士の会話、あるいは家庭での子供と親の会話にじっくり耳を傾けてみるとよい。普段、学校ではほとんどしゃべらない外国籍の子供たちが、同じ国の子供たちや家族と母国語で話しているときは、とても快活で饒舌に話していることがある。どんな内容で誰と話すときに心がオープンになるか、どんなことに困っているのか、などを出身の国ごとにまとめておくとよいだろう。特に、スクールソーシャルワーカーなどの協力を得ることで、学校と家庭との連携を図ることが有効になる。

（3）不登校の子

　不登校の子供たちにもいろいろなタイプがいる。体調がすぐれないため学校に行けない子もいれば、学校での人間関係（教師や友達との関係）で悩んでいる子、勉強についていけずに悩んでいる子、何となく学校に行かなくなった子など、実に様々である。この場合でも、カウンセリング感覚をもって、まず信頼関係を築きながら、学校に行けない理由や行きたくない理由をしっかり聞き届けたいところである。

　例えば、体調不良の子が「朝になると頭が痛くなる」と言うのであれば、夜型の生活を改めることで改善することも多い。頭痛に共感しつつも、「どうしたら早起きができるようになるだろう」と一緒に考えてみることもできる。早寝や朝食の習慣を身に付けたり、夜中のゲームやテレビを止めたり、朝の気持ちよさを実感したりすることで、気分が前向きになり、登校できることがある。

　人間関係で悩んでいるのであれば、辛い関係に共感しつつ、「誰と一緒にいると楽しくて、誰と一緒だと辛く感じるの？」「他の人たちとは大丈夫なのかな」と問題状況を把握したい。そして、特定の人との関係で悩んでいる場合は、自他を尊重しながら話し合うスキルトレーニングをすることで改善することもある。もし、いじめのような関係が原因にあれば、教師が積極的に介入して、子供たちの問題を改善・解消しなければならない。本人の希望次第では、クラス替えや別室登校・転校なども含め、生活環境を変えることも検討したい。

　勉強が分からずに学校嫌いになった子の場合、勉強のできない大変さに共感しつつ、「どのあたりが分からないのかな」と率直にたずねてみてもよいだろう。例えば、「4年生から算数が分からなくなった」と言えば、そこから復習するなど具体的な対策が立てられる。簡単な総復習のテストを行い、得意な分野と苦手な分野を見極め、苦手なところを集中して補習してもよい。中には「先生の教え方がいやだ」と反発する子もいる。そうした場合は、教え方に工夫が足りなかったことを反省しつつ、「どんな教え方だと好きになれるかな」と尋ねてもよい。もし子供が「難しい問題はゆっくり教えてほしい」と言うなら、教師も「そうだね。先生も気をつけるよ。また一緒にがんばろう」と返事することもできる。

カウンセリング感覚で希望のあるメッセージを！

　気にしたい子には、問題点を指摘して不安や恐怖をかきたてるのではなく、カウンセリング感覚でその子の悩みを理解し、よりよくなるための前向きでポジティブな言葉をかけられるようにしたい。例えば、「これまで大変だったね」「これからどうしたらいいか一緒に考えよう」「君ならできるよ」という前向きな希望のメッセージを心がけたい。

　こうした言葉がけは、その場でとっさに考えるというよりも、常に子供に寄り添い、常にポジティブな言葉がけをすると心に決めておいた方がよいだろう。子供たちの考えをカウンセリング感覚で共感できれば、その悩みを分かち合うことができ、子供たちが主体的に問題解決するための適切な支援をすることができるようになる。同じ学校の先生方や保護者の方々とも協力して、できるだけこうした前向きな声かけをしていきたいところである。

Profile

やぎぬま・りょうた　早稲田大学大学院文学研究科博士後期課程修了、博士（文学）。現在、岐阜大学大学院教育学研究科准教授。中央教育審議会道徳教育専門部会委員、学習指導要領解説の作成協力者などを歴任。子供が考え議論する問題解決的な学習や体験的な学習を用いた道徳授業の開発・実践研究に取り組んでいる。

インクルーシブな学級経営の実現のために

上越教育大学教職大学院教授

赤坂真二

法の整備と現実の乖離

かつて、障害のある子供たちは、分離されて教育を受けていた。しかし、「障害者の権利に関する条約」が、平成18（2006）年12月、国連総会にて採択されると、わが国における特別支援教育が平成19（2007）年に法制化された。そして、平成24（2012）年7月に中央教育審議会「共生社会の形成に向けたインクルーシブ教育システム構築のための特別支援教育の推進」（報告）が出され、教育において「インクルーシブ」という言葉が使用されるようになった。インクルーシブ教育システムとは、同報告によれば「障害者の権利に関する条約第24条」に基づき、「人間の多様性の尊重等の強化、障害者が精神的及び身体的な能力等を可能な最大限度まで発達させ、自由な社会に効果的に参加することを可能とするとの目的の下、障害のある者と障害のない者が共に学ぶ仕組み」のことである。その後、冒頭の条約が平成26（2014）年1月20日に批准、同2月19日発効し、平成28（2016）年4月1日、障害者差別解消法が施行され、合理的配慮の不提供を法的に禁じた。このように障害をもつ子供たちの社会的包摂において法的な整備が進む一方で、その目指すところとは相反するような現実を目にすることがある。

聴覚過敏の児童等のために机、椅子の脚に緩衝材を付けている教室で、子供たちが怒鳴り合っている。視覚情報の処理が苦手な児童等のために黒板周りの掲示物がきれいに取り去られているにもかかわらず、その黒板に書かれている板書の文字は小さく、量が多く構造化されていない。黙っていることやじっとしているのが苦手な子がいるのに、一部の子が喋り続け、それを黙って聞いている授業をしている。話し合いの回数や時間が確保されている割には、課題が曖昧であったり話し合い方が指導されていなかったりするために、折角の話し合いが沈黙の時間になったりただのお喋りになっていたりする。

こうした現状を見ていると、理念と現実の間にはまだまだ隔たりがあると感じる。そもそも、世の中はインクルーシブになっているのだろうか。連日、ハラスメントに関する報道が耐えることがない。最近では、学校の職員室でのいじめが発覚し、世間に衝撃を与えた。社会の変化に対して一般社会の理解や準備が進んでいないのに、学校だけに原則論を押しつけてはいないだろうか。椅子や机の脚に古い硬式テニスボールを装着した教室で子供たちが怒鳴り合っている教室に象徴されるように、インクルーシブ教育の理念が教えられないままに、形だけ整えていっているように見えるのは私だけだろうか。

インクルーシブ教育の導入の経緯を見て分かるように、わが国のそれは、障害をもつ子に対する配慮から発展してきた。それは不可欠な視点であるが、障害をもつ子だけがインクルードされればいいのだろうか。インクルーシブ教育の対象は、全ての子供たちであるはずである。例えば、外国籍や外国にルーツをもつ子供たちは、その対象ではないのだろうか。今この瞬間もいじめを受けている子がいることだろう。学校に行く意志があっても、学校に行けない子もいることだろう。彼らは対象ではないのだろうか。また、こうした「外国籍」「不登校」「いじめ被害」など「○○の子」などと「見出し」が付かない子供たちは、その対象ではないのだろうか。

近年のわが国の学校教育は、トップダウンで進められる傾向を強めているように見える。「主体的・対話的で深い学び」（アクティブ・ラーニング）は、本来、学習者中心の発想である。しかし、実際に授業の様子を見てみれば、子供たちに課題が「与え」られ、幾ばくかの意見交換する場が「与え」られ、まとめは教師が行う。どこまでいっても教師主導で授業が進められる。こうした「協働を装った一斉講義型」の学習をしている教室は、けっして少なくない。現在の学校教育には、次のような理念が欠落しているのではないだろうか。

"Nothing About Us Without Us." （私たちのことを、私たち抜きに決めないで。）

これは、1960年代にアメリカで始まった自立生活運動の中から出てきた言葉であり、障害者権利条約の制定過程においても、障害をもつ当事者の間で口々に叫ばれた重要なスローガンである。当事者不在の制度、法の整備は意味がないと言っているのである。子供たちの当事者性抜きの協働学習は、真のアクティブ・ラーニングになることはない。インクルーシブ教育も同様である。どんな合理的配慮も、それが与えられるものになっているうちは、真性のそれにはならないのである。

子供発想の配慮のあるクラスを育てる

（1）クラス会議

では、どのようにしたら子供発想の合理的配慮のできる学級経営が実現するのであろうか。筆者が注目している実践にクラス会議がある。クラス会議は、その理論的根拠を対人支援で実践的エビデンスを豊富にもつと指摘されるアドラー心理学に置く[1]。流れは、図1のとおりである。写真のように椅子だけで輪になり、生活上の諸問題を話し合って解決策を探る活動である。扱う問題は、個人の悩み相談から、クラスのルールづくり、イベントの企画までで様々である。輪になって、あたたかい言葉を交わし合い（コンプリメントの交換）の後、話し合いが行われる。流れはシンプルであるが、話し合いにおいて、様々な協働に必要なルールを教える。発言は、輪番

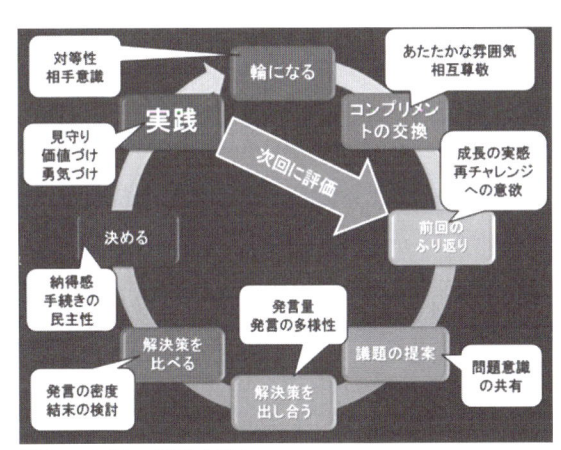

図1　クラス会議の流れ

で行う。言えないときはパスをしてもよい。話し合いは、ブレインストーミングがベースであり、討議よりも対話の性格が強い。それと同時に、聞いていることを態度で示す、相手の感情に配慮して意見を言うなど、問題解決をしながら、良好な関係性が築かれるように様々な工夫がなされている。あたたかで前向きな雰囲気の中で話し合いが進むので、子供たちは深刻な話題にも積極的に向き合う。

それでは、具体的な事例を2つ紹介する。

（2）不登校のナツミのクラス

ナツミ（仮名、女子）は、冬が近付くと不登校傾向が強くなる。昨年度も、3学期は学校にほとんど来ていなかった。6年生になり比較的順調に登校していたが、また、冬が近付くにつれ登校できなくなる日が増えていた。そんなある日、ナツミが欠席すると配布物を持っていく役をしていたリカが、担任に相談をした。「お手紙を持っていくのが辛い」と。家が近所といっても山間部の地域なので、ナツミの家までは結構な距離がある。冬になると暗くなるのも早い。夜道を一人で歩くのはとても恐かった。ただ、そんな理由で配布物を持っていくことを嫌がったらクラスメートに「ひどい人」だと思われるのではないかと心を痛めていた。担任はリカの話を聞くと、「クラス会議で相談してみたら？」ともちかけた。担任も、ナツミの不登校には打つ手がなく、したがってリカの悩みに有効な打開策が思いつかなかった。リカも八方塞がりの状態だったので、クラスメートに相談することにした。1時間目は、ナツミがいないことが多い。そこでナツミがいないときを見計らって、クラス会議を実施した。

クラスメートがどんな反応をするか不安なリカだったが、クラスメートは、リカの深刻な表情を見て徐々にリカの辛さを理解し、やがて、ナツミの問題がリカに任せっきりになっていたことに気付いていった。しかし、解決策を策定している途中でハプニングが

起こった。ナツミが登校してきたのである。ナツミはこの議題に自分が関わっていることに気付いていたかもしれないが、クラス会議では、特定の人の名前を出さないルールになっているので、落ち着いた表情で話し合いに加わった。解決策は、「休んだ人には、交代で電話する」に決まった。この解決策は、リカもナツミも支持したものだった。次の日から、ナツミが休んだり早退したりすると、解決策の実行が始まった。しばらくすると、ナツミの周囲に変化が起こっていた。電話をきっかけに、これまであまり会話することの無かった女子や特に男子と喋るようになっていた。

そんな2学期末を送り、3学期を迎えた。担任は、ナツミが登校するか心配だったが、ナツミは始業式の日も定刻に登校し、3学期は欠席することなく中学校に旅立った。

（3）ブラジルから転入してきたミゲルのクラス

この地域は、外国籍または外国にルーツをもつ子供たちが20％を超える。保護者からの訴えには、通訳を交えて対応する場合もある。5年生のクラスに、ブラジルからミゲル（仮名、男子）が転入してきた。この学校では珍しいことではない。ミゲルは、環境が変わったことによる不安からか、授業中に奇声を発したり突如笑い出したり、クラスメートの耳元で大声を出したりして、転入後、数週間ですっかり「変わり者」「迷惑者」と見られるようになっていた。ある日のクラス会議に次のような議題が出された。提案者は、何人かの連名で「友達と仲良くするにはどうしたらいいか」というものだった。議題には、友達と書かれていたが、明らかに提案者たちは、ミゲルとの付き合い方に悩んでいた。提案理由の説明場面では、「突然、大きな声を出すからびっくりする」「勉強しているときに、笑い出すことがあるからちょっと困っている」などの話が出たが、クラス会議では、人のことを非難しないことや目的は問題解決である

ことが、ルール化され共通理解されているので、ミゲルを責める雰囲気はなかった。純粋な困りごととして提案されていた。

最初は、「気にしなければいい」「注意すればいい」などの意見が続いた。しかし、話し合いの方向性が、ある男子の発言で大きく変わる。「僕も、困ったときはあるけれど、僕たちが笑っているときは、その人は笑っていないし、その人が笑っているときには、僕たちは笑っていない。つまり、笑うポイントが違うだけだと思う」。何人かから「あ、そうか……」という呟きがこぼれた。すると、次の子が、「まだ、みんな全然喋ってない。喋らないから（相手のことが）分からない」。さらに、「その人とだけじゃない。まだみんなは、一部の人としか喋っていない」と、発言が続き、自分たちのコミュニケーションの在り方を振り返っていた。解決策は、「もっとみんなと話す」となった。

数か月後、一つ学年の上がったミゲルの教室を訪れた。4人グループの学習でミゲルの隣には、ブラジルから転入して間もない男子が座っていた。ミゲルは、すっかり落ち着き、日本語も上手になり、言葉がまだよく分からない来日間もないクラスメートに、日本語とポルトガル語を交えながら学習内容を伝えていた。

レッテルを超えて

特別支援教育やインクルーシブ教育の法整備は、今後もさらに進めていかねばならない。しかし一方で、法整備だけではインクルーシブな教室づくりは実現できるとは考えにくい。青山新吾は、特別支援教育の問題点として「つなぐ」「つなげる」視点の弱さを挙げ、「障害のある子どもの個の力を上げても、それが社会の中で活かされるかどうかは、周囲との

関係によって左右される」と指摘する[2]。このことは、そっくりインクルーシブ教育においても当てはまるであろう。ここに紹介したクラスは、ナツミやミゲルのための配慮を考えたわけではない。「みんなにとって」いいことを考えた結果、2人にとっても必要な支援が行われたのである。ここまでの地道な情緒的絆の積み上げによって起こった事実だと捉えることができるだろう。

「障がいをもつ子」「気になる子」「気にしたい子」等々、どんな柔らかな表現にしようが、「見出し」を付けて捉えている限りは、そこには排除の意識が入り込むだろう。「見出し」を付ける前に、それぞれの個をかけがえのない存在として捉え、その子を含む全員にとってより適切な環境はどうあるべきか、ということを子供たちと一緒に考えることで、本当のインクルーシブな教室づくりが実現されるのではないだろうか。

[注]

1　ジェーン・ネルセン、リン・ロット、H・ステファン・グレン著、会沢信彦訳『クラス会議で子供が変わる　アドラー心理学でポジティブ学級づくり』コスモス・ライブラリー、2000年

2　青山新吾・赤坂真二・上條晴夫・河合紀宗・佐藤晋治・西川純・野口晃菜・涌井恵著『インクルーシブ教育ってどんな教育』学事出版、2016年

Profile

あかさか・しんじ　1965年生まれ。19年間の小学校勤務を経て、2008年4月より現職。小学校では、心理学的アプローチの学級経営に取り組み、子供の社会的自立能力の育成に取り組んできた。現在は、教員養成にかかわりながら小中学校の教育活動改善支援、講演や執筆活動をしている。学校心理士、日本授業UD学会理事、日本学級経営学会共同代表理事。専門は、学級経営、生徒指導、教育相談、学校力向上。主な著書『アドラー心理学で変わる学級経営　勇気づけのクラスづくり』（明治図書、2019年）。

配慮が必要な児童生徒の保護者・家庭支援

保護者の気持ちにより添う「チーム学校」による家庭支援の在り方

兵庫県伊丹市立総合教育センター所長

太田洋子

配慮が必要な児童生徒の状況

中学校の先生方と話をしていると、「暴力行為等の非行については年々減少しているが、不登校や特別な支援が必要な子供たちが増え、その個別対応に時間が取られます」という声を聞くことが多くなった。ただ、教員側から見れば「困った子供」は子供の側から見れば「困っている子」であり、そういう子供を育てる日々の中で、保護者は「子供にどう接したらいいのか」「これからどうしよう。進路はどうなるのか」と悩みを抱えているはずである。

学校現場においては、教員の年齢構成がワイングラス型からフラスコ型に移行し、若手教員が急速に増加している。不登校やいじめへの対応等の多くの課題を抱え、自分の指導方法に自信をなくしている若手教員も多くなっている。チーム学校として組織的に課題に対応できている学校がある一方で、担任任せの後手の指導になっている学校もある。この成否を決める大きな力が校長のリーダーシップであると感じている。本稿では、保護者の気持ちにより添った「チーム学校」による家庭への支援の在り方について具体的な事例を基に考えていきたい。

不登校の子供をもつ家庭への支援

「子供が急に学校に行かなくなった」

ある日突然のように起こるこの出来事に保護者はどうしていいか分からず戸惑う。朝、「今日も休みます」と学校にかける電話がだんだん苦痛になってくるものである。そんなときに、「毎日ありがとうございます。お子さんはどんな様子ですか?」と保護者のつらい気持ちを理解しながらじっくりと話をすれば、保護者にとっても大きな救いになるはずだ。ただ、その対応について担任個々の資質に頼るのではなく、一人一人の子供についての学校としての方針を決めて対応していくことが、保護者の学校への信頼と安心に繋がる。

M中学校では、毎月第3水曜日の職員会議の後、不登校対策会議を行っている。参加者は、管理職・生徒指導主事・学年生徒指導担当、スクールソーシャルワーカーだが、学年順に主任と不登校生徒の担任が入って生徒の現状を報告する。その後「どのような方針で生徒に関わっていくのか」「どの関係機関に繋ぐか」「保護者へのアプローチの仕方」等についてアイディアを出し合い共通理解を図る。

（1）チームで行う家庭訪問

M中学校3年生女子Dは、1年生の後半から友人関係のトラブルにより学校に来られない状況になった。家庭は両親と年の離れた兄や姉がいたが、兄弟は家を出ており、実際には3人の家庭であった。担任（20代男性）が家庭訪問をしたとき、母親は玄関口に出ては来るが、無気力で子供を学校に行かせようという気持ちが感じられず、担任はどうアプローチしていいか迷っていた。対策会議で話し合い、スクールソーシャルワーカー（50代女性）が家庭訪問をすることになった。

教師ではなく、第三者的な立場のスクールソーシャルワーカーが毎週訪問を続けることで、母親との人間関係ができてきた。家族構成や母親自身の生い立ち、飼い猫の話や近隣との付き合いについて等、堰を切ったように話し出したのだ。話してみると、母親が他の保護者から孤立し、そういう話し相手を求めていたと分かった。スクールソーシャルワーカーが生徒自身と話をすることはなかったが、修学旅行の準備段階から登校をするようになり、修学旅行には参加することができた。

（2）教育支援センター（適応指導教室）での保護者支援

F市は、不登校の生徒を支援する教育支援センターを設置している。毎年20〜30名の児童生徒が在籍しており、学習や体験活動を通して、子供たちが社会に繋がる学びの場を提供している。適応指導教室から教育支援センターに名称を変更し、不登校に関する専門的な機関として大幅に内容の変更を行った。その一つが保護者支援である。まず、電話かメールで欠席や遅刻について、毎日指導員が保護者と連絡を取るようになった。保護者が面倒に思うかと予想していたが、自身の悩みや子供の状況を聞いてもらえる場として、保護者の気持ちの安定に繋がるようになった。あわせて、学期末の個人面談と、学期に1回の懇談会を開催した。

懇談後、「自分一人で悩んでいましたが、皆さん一緒だと聞いて少しほっとしました」「これからもこういう場をつくってもらいたいです」との声が出た。保護者同士も連絡先を交換し合い、保護者のネットワークもできつつある。

また、月1回センターだよりを保護者と学校宛に出し、ホームページでも公開するなど日々の活動の状況をお知らせするようにした。水曜日の午後は指導員が学校を訪問し、気になること等をお伝えするなど情報交換を密にしている。

保護者の教育支援センターへの信頼が増すことが功を奏したのか、子供たちのセンターへの出席率は向上した。また、「テストは学校で受けます」「今日は朝、学校に登校しました」と学校に足を向ける子供たちも増えつつある。

特別な支援を要する子供をもつ家庭への支援

2012年度の文部科学省調査において、通常の学級に在籍する、発達障害の可能性のある特別な教育的支援を必要とする児童生徒の割合が、推定値で6.5%という結果は大きな話題となった。6.5%というと40人学級では2〜3人である。自身が勤務していた学校の校内委員会では「診断はないが、学校生活の中で困り感の多い子供の保護者に、どのようにその状況を伝え、支援につなげていけばよいか」ということに苦心した。保護者の思いを理解せず、いきなり懇談等で担任から「クラスの中ですぐに友達とトラブルになり困っています」「通常学級では適応できないので特別支援学級への転級を考えてはどうですか」「算数の時間は通級で学習してはどうですか」といった言葉を切り出せば、保護者は「子供が見捨てられた」と思い学校への不信感をもつことになる。

担任個々が保護者に対応するのではなく、特別支援教育コーディネーターを中心に、各々のケースに応じて校内委員会で方向性を協議して、組織的に対応していく必要がある。コーディネーターが保護者対応や関係機関との連携の窓口としての役割を果たすことは保護者への支援において重要なポイントなのである。

（1）教育のユニバーサルデザイン化の推進と家庭・地域への啓発

S中学校は、「子供たちが荒れるのは授業が分からないからである。誰にでも分かりやすい学校づくり・授業づくりを進めれば子供たちは学ぶようになる」

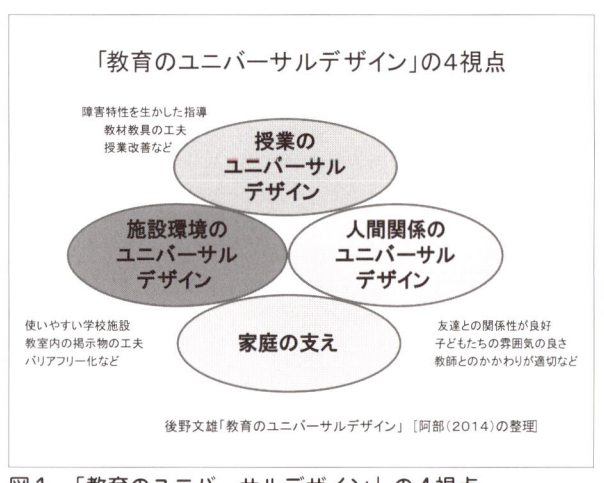

図1 「教育のユニバーサルデザイン」の4視点

との理念のもと、教育のユニバーサルデザイン化に取り組んでいる。特に①施設環境のUD（校内のルール明確化や統一した環境づくり）②授業のUD（ICT化やねらいを明示）③人間関係のUD（子供同士の教え合い学習や「いいねカードの導入」）を基本にしながらも、その土台となる④家庭の支え（コミュニティ・スクールの設置、保護者への情報発信）の4つの視点を明確にし、実行した（**図1**）。さらに、図2のような共通理解事項を全教職員で共有し、徹底していった。

保護者との良好な関係づくりのスタートは互いの信頼関係の構築からである。S中学校では担任一人に任せず、学校全体でどの子も過ごしやすい学校づくりを目指し、学校だよりやメール配信で学校の情報を積極的に伝える等の「見える化」を進めるとともに、誰にでも分かりやすい授業づくりに取り組んだ。保護者の学校への信頼感が徐々に高まり、家庭と学校が協働して子供の育ちを考えるという意識が双方に芽生えてきたのである。

（2）特別支援教育コーディネーターが窓口になった保護者支援

小学校から通常学級であったB君は、S中学校でも通常学級に入学した。ただ、入学時からこだわりが強く、友達とのトラブルが絶えなかった。担任が

（教育のユニバーサルデザイン化を進めるためのS中共通理解事項）

まずは学校の秩序つくり
- ルールを明確化し生徒・教師・家庭で共有し、公平公正に運用する。秩序が保たれていることが心地よいと思わせる指導を全教師一丸で行う。

情報の共有化と「見える化」で組織的な動きをつくる
- 生徒の情報を学年を超えて把握し、全教師が共有することで、担任が課題を一人で抱え込まなくてよい仕組みをつくる。
- 子どもの実態やニーズを踏まえた授業改善を学校全体で行う。
- 教師の動きを組織化し「見える化」を進める。
- 一人一人を大切にした子ども支援、家庭支援を行う。

※発達課題の有無、家庭状況、友達関係など子どもの特性や発達状況を教師たちが全員で共有することで、一貫した指導を行うことが可能になる。この土台がないままに教育を推進しようとしても効果的な指導はできない。

図2 教育のユニバーサルデザイン化を進めるためのS中共通理解事項

向かい合って話をしようとしても、視線を合わすことができない。林間学舎の食事係の仕事では、「ご飯をよそってね」と言うと、ご飯を茶碗にこれ以上盛れないほどに積み上げて配るのだ。

1学期の校内委員会で、学年の教員で個別の支援が必要な生徒についてのチェックシートを活用したアセスメントを行い、個別の指導計画を作成し、日常の気付きを記録していった。

B君の母親は身近に本人の様子を見てきたので「通常学級では難しい」と感じていた。しかし父親は、自分が中学生だったときの記憶から、特別支援学級では通常学級の生徒とは別の生活をさせられるという偏見が強く、通常学級では手に負えないから、特別支援学級に追い出されるとの懸念を抱いていた。

Y教諭は特別支援教育コーディネーターとして、担任とは違った専門性のある第三者の視点から、現在の学校の特別支援教育の取組について時間をかけて丁寧に父親に説明を続けた。また、WISC−Ⅲを受け、我が子の障害を突きつけられることへの戸惑いに寄り添うとともに、障害は本人のもつ個性であるとの認識をもってもらえるように努めた。

父親は子供の進路についても不安を抱いていたが、Y教諭はB君が将来、一人で自立して生活していくためには、コミュニケーション力など人と繋がる力が必要になることを説明し、「お子さんのことを一緒に考えていきましょう」というスタンスで保護者対応を続けていった。

父親は学校が親身になって我が子のことを考えてくれると感じるようになり、Y教諭が市教育委員会との窓口になり、最終的に、3学期から特別支援学級に転籍した。自分に応じた支援を受けたB君は、その後落ち着いた中学校生活を送り卒業した。

外国籍の子供をもつ保護者への支援

外国籍の家庭において、子供は日本語を早期に習得しても、保護者はなかなか理解できないために、学校との情報のやり取りができないという課題が出てくる。時には母語を忘れてしまった我が子との会話ができなくなる場合や、保護者自身が日本社会に適応できていない場合もある。

このような家庭を支援するために、通訳となる人材を派遣する制度や加配教員が配置される制度があるが、対応は担任が中心になる。

以前に、ある学校で、外国籍の子供が同級生を叩いてけがをさせるという事案が起こった。通訳を交えて保護者と話をしたが、「やられたからやりかえしただけなので悪くない」と話を返される。外国籍の子供がクラスにいることは、子供たちに国際理解教育を進める上でプラス要素になる。異文化の子供たちを受け入れ理解する学級づくりを進めるとともに、保護者会等においても紹介するなど、外国人の保護者が学校を信頼し疎外感をもたないような「相手の立場を理解した心配り」をしていくことが大切である。

ただ、このことは外国籍の子供をもつ保護者への支援だけにあてはまるわけではない。前述の不登校や障害をもつ子供の保護者への支援と根本的には同じであると言えよう。

Profile

おおた・ようこ　大阪教育大学、佛教大学大学院卒業。中学校数学科教諭を経て、伊丹市教育委員会事務局指導主事、学校教育室長、学校教育部長、中学校校長。2018年度から現職。編著書に『中学校「荒れ」克服10の戦略—本丸は授業改革にあった！』学事出版、2015年（編著）、『特別活動のフロンティア』晃洋書房、2008年（共著）、『若手教師を育てるマネジメント』ぎょうせい、2019年（共著）など。

外国にルーツをもつ児童生徒への日本語指導

夢をもち、将来の日本を支える児童生徒の育成

愛知県岩倉市日本語・ポルトガル語
適応指導教室室長　**村瀬英昭**

岩倉市日本語・ポルトガル語適応指導教室理念

平成13年度、岩倉市日本語・ポルトガル語適応指導教室（以下、「適応指導教室」）開設に当たって、外国にルーツをもつ児童生徒が日本の学校に適応することにより、学校が安定し、ひいては地域の安定にもつながると考え、未就学、不登校児童を出さないために、適応指導教室を外国にルーツをもつ児童生徒の「心の居場所」と位置付け、岩倉市内全ての学校に在籍している外国にルーツをもつ児童生徒に平等な教育体制を、巡回指導という形で取り入れスタートした。

● 適応指導教室の理念

① 外国にルーツをもつ児童生徒が、日本の学校に適応できるように指導する。それが、日本人児童生徒にも好影響を与える。

② 市内全ての小中学校に在籍している、外国にルーツをもつ児童生徒に平等な教育をする。日本語を話せればよいということではなく、授業についていけるようになるまで指導する。

③ 地域で起きている外国人差別・偏見の是正を学校からひろげていく。

④ 未就学・不登校児童生徒をつくらない。

⑤ 親とコミュニケーションがとれるよう、また、母語・母文化保持のため、ブラジルの教育を取り入れる。

★「日本一愛のある適応指導教室」を目指す。
「愛」とは、見捨てないこと！

適応指導教室の取組

（1）外国人に対する偏見の是正

外国にルーツをもつ児童生徒が日本の学校に適応することが、日本人児童生徒及び地域へ好影響を与えるとの考えから、適応指導教室開設2年目の平成14年度より、

外国人に対する偏見の是正	学校生活適応指導
小中連携	指導体制の組織化
保護者への情報発信	岩倉市日本語指導方式
国際理解教育の推進	日本語能力試験指導
プレスクール	ポルトガル語指導
幼保・上級学校との情報交換	その他 （個人調査票，追跡調査 etc）

資料1　本適応指導教室の特色

資料2　公開指導後の意見交換会

資料3　進路説明会

資料4　カポエイラ体験教室

童生徒に外国の文化や言葉を紹介する中で多文化共生を実践している。このような場を通して、自国の言語や文化に誇りをもてる外国にルーツをもつ児童生徒が増えてきている（**資料4**）。

外国にルーツをもつ児童生徒が日本の学校生活に適応しようと努力していることへの理解を深めてもらおうと、団地の自治会や市内の教職員に対する公開指導を開始した。以来、現在に至るまで、「外国人に対する偏見の是正」というメッセージを学校から発信するとの思いを込めて、毎年公開指導を実施している。さらに少子高齢化が進む近年は、こうした考えに加え、将来の日本を支えていく重要な人材として、外国にルーツをもつ児童生徒を地域ぐるみで育てていけるようにという思いももって、市議会議員、民生委員、区長、少年児童委員、幼稚園、保育園等、様々な立場の方々を公開指導に招き、公開後に毎年、意見交換を実施している（**資料2**）。

（2）小中連携

　岩倉市内全小中学校との連携を図り、兼務命令により、小中の垣根を取り払った学校巡回による日本語指導、母語指導等の指導体制を取り入れている。このことによ

り、9年間のスパンで児童生徒の指導に当たれるようになっている。

（3）保護者への情報発信

　外国人保護者に対して、日本の学校に関する理解を深めてもらい、学校と保護者が同じ目線であたたかく児童生徒を育てていけるように、入学説明会や進路説明会等を開催し、上級学校や就職についての情報を発信している（**資料3**）。また、翻訳文書（5言語対応）、ホームページ、メール等で学校の情報を発信していくことや保護者会、説明会で保護者と日常から情報交換をする中で学校との信頼関係ができ、学校行事への参加や学校運営に理解を示す保護者が増えてきた。反面、無関心な保護者がいることも否めない。

（4）国際理解教育の推進

　各学校の実情に合わせて、行事や集会などで外国にルーツをもつ児童生徒が中心となって活動する場を設定し、日本人児

（5）プレスクール

　平成25年度より就学前幼児に対してプレスクールを実施し、小学校へスムーズに入学できるようになっている。保育園では全く発話をしない子供が、プレスクールで大きな声で発話をしているのを見て驚いたという保護者の声があった。この機会を利用し、幼保との連携も図っている（**資料5**）。

（6）学校生活適応指導（集中初期指導）

　日本に来たばかりで日本語が話せず、日本の生活文化・習慣に馴染んでいない児童生徒について、

資料5　プレスクールの様子

資料6　連絡協議会

原則1か月間（週20時間）、各学校に在籍しつつ、岩倉東小学校内にある学校生活適応指導教室で簡単な日常会話、学校のきまりなどを覚えることで、児童生徒のストレスおよび学級担任の負担軽減につながっている。

（7）指導体制の組織化

適応指導教室の理念を維持していくために、担当者間で共通理解を図るとともに、教育委員会を中心とした市内7校の校長、教務主任、養護教諭等で組織する連絡協議会を設置し、日本語担当教員が兼務体制で外国にルーツをもつ児童生徒の指導に当たれるように体制の組織化を図っている（**資料6**）。また、適応指導教室の実践報告や公開指導、各種マニュアル、担任向けハンドブックの作成、各校での現職教育や研修会等を通じて、適応指導教室の活動が理解されるよう努めた結果、同じ目線での指導体制ができている。

岩倉市日本語指導方式

「デカセギ」から定住化に移行してきていることから、「心の居場所」だけでなく、彼らの学びを保障し、「授業で活躍できる学力」を育てる指導の在り方を研究している。

（1）指導の流れ

① 1単位（ユニット）時間…4項目（モジュール）の指導内容
② 1項目（モジュール）の指導時間…5分～15分

（2）日本語・教科の能力別（ステップ）に応じた指導

- ステップ1（初期）…日本語を聞き取れない（聞く力）
- ステップ2（初級）…日常会話がスムーズにできない（話す力）
- ステップ3（中級）…現学年の学習内容が理解できない（読む力）
- ステップ4（上級）…日本語の能力が高い（書く力）

（3）指導内容

4モジュール内で、日本語能力に応じた指導内容と現学年の指導内容を二層に分け、ステップに応じた割合で指導を行う。現学年の教科学習に関しては、先行学習を積極的に取り入れている（**資料7**）。

- 「ステップ指導」…日本語力に合わせた指導
- 「現学年指導」…先行学習（教室で活躍できるように）

（4）指導上の留意点

- ICTの活用…視覚を重視
- 子供が言いたくなるような場の設定
- レベル（ステップ）に応じた指導
- あきさせない指導の工夫
- 日本の文化・行事・習慣・季節を取り入れる。

※限られた指導時間の中で効率よく行う指導法（**資料8**）

（5）評　価

- 5問テスト、語彙テスト→学期ごとにステップの見直し

ユニット⑦			
1	国　語	ウナギのなぞを追って	現
2	国　語	漢字の広場⑤	現
3	算　数	分数（小3）	ス
4	日本語	学校生活	ス

資料7　モジュール指導例

資料8　ICTを活用したモジュール指導

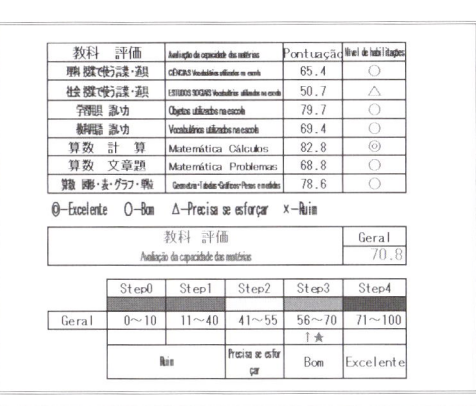

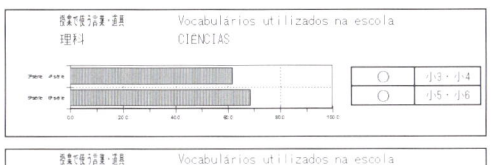

資料9　到達度評価例（一部抜粋）

- 到達度評価→5言語対応、保護者に分かる伝え方（ユニバーサルデザイン）（**資料9**）
- 指導計画表、個人別課題一覧表

　モジュール指導を取り入れることにより、限られた指導時間の中で、効率的かつポイントを押さえた指導ができ、児童生徒はあきずに指導を受けることができる。また、現学年の先行学習を行うことで、自信をもって授業に臨めるようになり、教室で活躍できる場が増えている。特に先行学習は有効な手段であると言える。

　さらに、小学校1年生から中学校3年生までの指導関連単元一覧表を作成し、現学年の学習内容が理解できないときにどこまで戻るかの指針とし、基礎的な内容を押

さえてから現学年の学習内容理解に入ることができるようになった。

　言葉で説明するだけでは理解できない外国にルーツをもつ児童生徒に対して、ICTを活用して視覚に訴えながら日本語の理解を深めていく教材開発に重点を置き、個の日本語力に応じた指導法等の工夫をしながら指導に当たるとともに、これまでに蓄積してきた指導法、指導教材を岩倉市の日本語担当教員で共有し、指導者が同じレベルで指導に当たれるよう、毎週、担当者会等で研修を深めている。

キャリア教育

（1）日本語能力試験指導

　将来のため、目前の目標を明確にするため、自己肯定感を味わわせるため、また、「定住化」に対応

するため、平成15年度より、日本語能力試験に積極的に挑戦させている。

　外国にルーツをもつ児童生徒にとって、資格取得は目前の明確な目標であり、社会に出たときの大きな自信につながっている（**資料10**）。

（2）母語指導（ポルトガル語指導）

　義務教育課程の中でブラジルの教科書を使用して母語指導を取り入れている。保護者とコミュニケーションが取れるよう、また、将来はバイリンガルとなり、その強みを生かし自己の可能性が広がるようにと願い、指導を継続した結果、母語力が向上し、効果を上げている。

　日本語で自己表現ができない児童生徒にとっては、心の居場所であり、日本で長く生活している児童生徒には、外国人としてのアイデンティティーの場となっている（**資料11**）。

資料10　日本語能力試験　試験会場にて

資料11　ポルトガル語指導の様子

障害のある子へのアプローチ

茨城県鹿嶋市立鉢形小学校教諭 **磯山才子**

障害があり特別の教育的配慮が必要とされる児童生徒は、一人一人の違いに応じた個別対応の指導が求められます。本稿は私がこれまでの実践から得た対応ポイントに沿って私の視点を述べてみます。

障害のある子への対応ポイント（はじめの一歩）

①対象児の好きなこと・得意なことを見つけて仲良くなる

「この人は、自分の味方・理解してくれる人だ」と安心感をもってもらうためにリサーチします。

②アイコンタクトやハンドタッチなど対象児の正面からのアプローチで信頼感を高める

言葉の表出が無い児童生徒でも、目や口の表情で相手の好感度が分かってきます。後ろからのアプローチは嫌悪感を募らせることが多いようです（知らない人にいやなことをされるように感じるこ

とが多いようです）。

③一緒に遊ぶ

対象児が安心感をもてたら、一緒に遊びます。好きなことや得意なことで遊べたら効果的ですが、簡単な身体を使った遊びで誘導してみます。ムーブメントも効果的です。

④対象児の実態を客観的に把握する

［身体面］目・耳・手・足・器官・神経系などの障害について保護者や関係機関から情報収集します。

［認知面］必要な心理検査等を実施したり、遊びの中から色・大きさ・数の認知度、言葉・社会性の発達などの実態を把握します。

［家庭環境］人的環境の中で家族の問題は外せません。場合によっては、対象児の障害を悪化させる要因の一つになります。ネグレクトや母子分離不安などさまざまことが2次障害を引き起こすことがあります。

［学校環境］1日の3分の1は学校生活です。担任教師や関係職員・同級生など対象児を取り巻

く人的環境を含みます。茨城県の場合、通常学級での交流や共同学習時間がかなり多く、細かい把握が大切になります。

自閉症スペクトラムの子への対応ポイント

（1）個別の認知能力を理解する

何かこだわりを示す場合は、特別に鋭い認知能力に原因があるとしばしば感じます。例えば、聴覚過敏の児童は大きな音をいやがったり、嫌いな音があったりします。実態を把握していれば防音イヤーマフを使用したり環境を調整したりして、パニックになることを未然に防げます。嗅覚過敏や接触過敏のある場合も同じことが言えます。反面、好きなにおいや触り心地もあるようで、それに気付くことでよい関係性を作れます。

（2）コミュニケーションの取り方

を児童と一緒に経験する

友達との関係づくりがうまくいかない場合が多々ありますので、言葉で話すよりも、実際に起こる可能性の高い場面を想定したトレーニングが効果的です。相手との距離感や相手の気持ちなどをフィードバックしてあげること、ソーシャルスキルトレーニングやコミック会話などが効果的です。

（3）生活支援と学習支援をする
①生活支援

1日の生活の流れを児童生徒と共に確認して、計画をたてます。1日の見通しがもてることで、子供は安心して学校生活がスタートできますし、教師も、パニックなどの予想をたてられるので未然の対応が可能になります。また、児童生徒の関係職員と協力体制をとることもできます。

②学習支援

学習する環境に刺激が多いと落ち着いて学習できません。できれば、囲いのある空間を用意できることが好ましいと考えられます。小学校であれば学習時間を15分ずつ区切ったり、聞く時間が長くならないような工夫が必要です。学習のはじめに身体を動かす活動を取り入れることも効果的です。終わりの時刻を設定してその時刻には必ず終わります。目標をもたせて達成に近付いたら賞賛やシールなどのご褒美も効果的です。

注意欠陥・多動症候群の子への対応ポイント

（1）対象児の「困り」を共有する

学習に集中できない・話を聞き終わらない前に話をしてしまう・すぐ忘れてしまう・衝動的に動いてしまう、これらによって叱られた経験をもつために、2次障害をおこす場合もあります。このような場合、叱るよりも自分ではどうしようもない行動をとってしまう困り感に寄り添うことで、困り感を共有するきっかけになります。

（2）児童の「困り」に寄り添う

① 暇な時間ができると何をしたらよいかわからない場合があります。課題の量を少なくしておき、終わったらチャレンジシートなどから選択して取り組めるようにすれば集中できる時間を確保できます（例えば、点つなぎプリントや3ヒントゲームや立体的な図形づくりは、視知覚トレーニングになり、楽しんで取り組めます）。

② 具体的な指示がないとわからない場合、「きちんとやりなさい」という指示では伝わりません。具体的に視覚的に簡潔に知らせることで、忘れてしまっても再確認できます（例えば、やるべきことを板書しておき、できたことから消していけば、で

きたことが実感できます）。

障害のある子への今後の対応ポイント

（1）担当教師による協働支援

特別支援コーディネーターは、学級数の多い学校を除いて、多くが学級担任の兼務であり、特別支援教育の推進のために十分な支援体制を組むことが難しいようです。生徒指導を加味した担任外の特別支援コーディネーターが必要に応じて配置されると、きめ細やかな対応ができるように思います。

（2）自立活動の指導計画は、児童生徒とよく話し合って作成

新学習指導要領では、多様な障害に応じた自立活動の指導を充実するために、その内容として「障害の特性の理解と生活環境の調整に関すること」を新たに加えています。そのためには、児童生徒が、自立活動の学習が将来の自立と社会参加に必要な資質・能力に繋がることを自ら理解し、困っていることをどのように改善・克服できたかを自己評価できるように指導内容を検討することが必要になります。そのため、いままで支援・指導する側だけで計画することが多かった指導計画は、児童も含めた計画へと移行していくことが望ましいでしょう。

不登校の子へのアプローチ
学級担任としてのかかわり

さいたま市立植竹小学校教諭 **一色 翼**

不登校児童生徒に対する支援の基本的な考え方

不登校児童生徒に対する支援は、単に「学校に登校する」という結果のみを目標にするのではなく、その子が自らの進路を主体的に選択し、社会的に自立することを目指すというキャリアの視点をもつことが大切であると指摘されています。その基本的な考え方を受け、ここでは大きく3つの側面から不登校を捉えてみたいと思います。

まずは、「積極的な側面」です。私は数年前、ある地方の教育委員会が主催する「不登校親の会」に参加する機会を得たのですが、講師の先生が、「お子さんが不登校を選択したということは、自分の生き方・在り方を考え始めたということです。我が子の成長を誇りに思ってください」と語りかけた次の瞬間、その場にいた十数人の保護者の目から一斉に涙がこぼれ落

ちるというシーンを目の当たりにしました。不登校には、人生における休養や、人生を見つめ直すといった積極的な側面があるのだということを実感した出来事でした。

一方で、不登校がもつ「危機的な側面」からも目を背けるわけにはいきません。学業の遅れや友人関係構築能力の未習等が、社会的な自立を阻害する要因となってしまう危険をはらんでいるということは、想像に難くありません。

加えて、「周りの子供たちとの相互作用的な側面」から捉えていくことも重要であると考えます。不登校児童生徒が戻る場所は、基本的にはその子が在籍する学級だからです。迎え入れる学級集団側の状態が安定していなければ、たとえ復帰できたとしても、一時的なものとなってしまうことでしょう。

本稿では、家庭環境の変化が主な原因と考えられる小学6年児童Aに対しての、上記の3つの側面に基づいた学級担任としての働き

かけについて紹介します（個人の特定を防ぐため一部修正）。紙面の都合上、不登校対応において重要とされる組織的対応や保護者との連携等には触れていませんし、学校生活が原因と考えられる事案には参考にならない可能性があることを念頭に入れていただいた上で、読み進めていただければ幸いです。

積極的な側面からのアプローチ

①関係形成期

Aは私が担任する以前（5年途中）から不登校で、6年の始業式でも顔を合わせることができませんでした。そこで、まずはAを丸ごと認め、評価せず、ただただ受け容れました。

週に1回程度の家庭訪問を通して、Aが興味のあることや大切にしていることについて、私も積極的に関心を示すことで、リレーショ

ンを作ることを目指しました。

②自己探索期

　ある程度リレーションが形成できたのではないかと手応えを感じ始めたころから、Ａは自分の本当の気持ちと向き合い出しているようでした。そして、家庭環境の急激な変化にとまどっていることなどを徐々に語り始めました。スキルよりもマインドを重視したカウンセリング的なかかわりを意識しながら、Ａの言葉に耳を傾け、その心に寄り添うように努めました。

③行動計画期

　Ａの言葉の端々から学校復帰への意欲が感じられるようになってきたタイミングで「いつから、何をするか」を一緒に考えました。放課後登校から始め、保健室登校、午前中のみの教室登校と、徐々にハードルを上げていくことにしました。一歩進んだかと思えば、何歩も下がってしまうというようなこともありましたが、焦ることなく、Ａのペースに合わせることを第一に心がけました。

危機的な側面からのアプローチ

①基礎学力の保障

　学習への抵抗を防ぐために、まずは本人が興味を示す教科のみを対象として、自宅で取り組める内容の課題を出してみました。慣れてきたところで、教科ごとのつまずきの状況を把握し、無理なく取り組める分量について確認しながら、苦手な教科についても徐々に課題を出すようにしました。達成感を感じることができるように、シールなども活用しました。

②友人関係の維持

　学校からの手紙は、仲の良い友達の協力を得て毎日届けました。Ａと保護者の了解を得た上で、他の子供たちと一緒に訪問したこともありました。放課後登校の際には、事前に子どもたちに声をかけておくことで、大勢で一緒に遊ぶ楽しさを味わわせました。

周りの子供たちとの相互作用的な側面からのアプローチ

①学級の一員という意識づけ

　いつ来ても居場所を感じることができるよう、Ａの机周りに手紙等が散乱することはないように努めました。また、他の子供たちがＡを学級の一員として自然と意識するように働きかけました。

②自治的集団を目指した取組

　グループアプローチ（構成的グループエンカウンターなど）を取り入れることで、ふれあいのある集団づくりを目指しました。その上で、スキルトレーニング（仲裁スキルや感謝スキルなど）を行いながら、子供たち自身から企画や提案が生まれる集団づくりを進めました。すると、学級集団の成長とともに、「Ａのために自分たちに何ができるか」という声が自然と聞かれるようになりました。

今後の不登校児童生徒に対する支援の視点

　幸運なことに、Ａは学校復帰を果たしました。残りの小学校生活のみならず、中学３年間もほとんど休むことなく通い続けることができました。中学卒業式を控えたある日、会いに来てくれ、「先生は、学校に登校しなさいとは一度も言わなかったよね。それがうれしかった」と言ってくれました。

　新学習指導要領やいわゆる「教育機会確保法」の趣旨が示すとおり、今後は不登校児童生徒の社会的自立への支援を行う場所として、教育支援センターや不登校特例校、ICTを活用した学習支援、フリースクール、夜間中学等での受け入れが活発化することが予想されます。学校には、学校教育の意義や役割を自覚し、不登校児童生徒を受け入れる努力を重ねつつも、関係機関と積極的に連携していくことがさらに求められていくことでしょう。「学校に登校すること」という目先の結果以上に、「社会的に自立すること」こそが、私たち教師の願いなのですから。

実務から教養まで。新教育課程に向けて、今なにをすべきかがわかる待望のシリーズ！

スクールリーダーのための12のメソッド

学校教育・実践ライブラリ

A4判、本文100頁（巻頭カラー4頁・本文2色／1色刷り）

ぎょうせい／編

各巻定価（本体1,350円＋税）各巻送料215円
セット定価（本体16,200円＋税）送料サービス

2019年4月より
毎月下旬発行
全12巻

現場感覚で多彩な情報を発信

日々の学校づくり・授業づくりをみがく理論と実践のシリーズ

最重要課題を深く掘り下げる　各月特集テーマ

- ①（4月配本）**学校の教育目標を考えてみよう** ～学校目標から学級目標まで～
- ②（5月配本）**評価と指導** ～全面実施直前・各教科等の取組課題～
- ③（6月配本）**これからの通知表のあり方・作り方を考える**
- ④（7月配本）**働き方で学校を変える** ～やりがいをつくる職場づくり～
- ⑤（8月配本）**校内研修を変えよう**
- ⑥（9月配本）**先進事例にみるこれからの授業づくり** ～「見方・考え方」を踏まえた単元・指導案～
- ⑦（10月配本）**思考ツールの生かし方・取組み方** ～授業を「アクティブ」にする方法～
- ⑧（11月配本）**気にしたい子供への指導と支援** ～外国につながる子・障害のある子・不登校の子の心をひらく～
- ⑨（12月配本）**特別活動のアクティブ・ラーニング**
- ⑩（1月配本）**新課程の学校経営計画はこうつくる**
- ⑪（2月配本）**総合的な学習のこれからを考える**
- ⑫（3月配本）**英語・道徳の総チェック** ～全面実施の備えは万全か～

＊各月特集テーマは変更する場合があります。送料は2019年9月時点の料金です。

●本書の特長●

① "みんなで創る"
授業づくり、学校づくり、子供理解、保護者対応、働き方……。
全国の現場の声から、ともに教育課題を考えるフォーラム型誌面。

② "実務に役立つ"
評価の文例、校長講話、学級経営、単元づくりなど、現場の「困った！」に応える、
分かりやすい・取り組みやすい方策や実例を提案。

③ "教養が身に付く"
単元とは、ユニバーサルデザインとは、など実践の土台となる基礎知識から、
著名人のエッセイまで、教養コーナーも充実。実践はもちろん教養・癒しも、この1冊でカバー。

●充実の連載ラインナップ●

創る create
- ●田村学の新課程往来【田村　学〈國學院大學教授〉】
- ●学びを起こす授業研究【村川雅弘〈甲南女子大学教授〉】
- ●講座　単元を創る【齊藤一弥〈島根県立大学教授〉】　ほか

つながる connect
- ●UD思考で支援の扉を開く　私の支援者手帳から【小栗正幸〈特別支援教育ネット代表〉】
- ●学び手を育てる対話力【石井順治〈東海国語教育を学ぶ会顧問〉】
- ●ユーモア詩でつづる学級歳時記【増田修治〈白梅学園大学教授〉】　ほか

知る knowledge
- ●解決！　ライブラちゃんのこれって常識？　学校のあれこれ
- ●本の森・知恵の泉【飯田　稔〈千葉経済大学短期大学部名誉教授〉】
- ●リーダーから始めよう！　元気な職場をつくるためのメンタルケア入門【奥田弘美〈精神科医・産業医〉】

ハイタッチな時空間を味わう
- ●[カラー・フォトエッセイ] Hands～手から始まる物語～【関　健作〈フリーフォトグラファー〉】
- ●[エッセイ] 離島に恋して！【鯨本あつこ〈NPO法人離島経済新聞社統括編集長〉】
- ●[校長エッセイ] 私の一品〈各地の校長によるリレーエッセイ〉

●全国の先生方の声を毎月お届け●

ワンテーマ・フォーラム──現場で考えるこれからの教育

旬のテーマについて毎回、4～5名の教職員が意見や想いを寄稿。
他校の取組のリアルや、各地の仲間の生の声が日々の実践を勇気づけます。

テーマ例

- 今年頑張りたいこと、今年のうちにやっておきたいこと（4月配本）
- 地域を生かす学校づくり・授業づくり（6月配本）
- 外国語（活動）──うまみと泣きどころ（7月配本）
- 子どもの感性にふれるとき（10月配本）

●お問い合わせ・お申し込み先
㈱ぎょうせい
〒136-8575 東京都江東区新木場1-18-11
TEL：0120-953-431／FAX：0120-953-495
URL：https://shop.gyosei.jp

偉人たちの人間臭さをあぶり出す
『晩節の研究』

偉人・賢人の「その後」

晩節を全うした人についての伝記を読むことがある。また、晩節を汚してしまった人についての評伝を目にすることもある。晩節をいかに迎えるかは、元気に日々を過ごしている者にとって課題ではないか。晩年・老後を、古くから「晩節」と言ってきた。ところが晩節には、もう一つ「晩年の節操」の意味もある。節操とは、信念・主義・主張をかたく守ることではないか。

本書は30人の偉人・賢人の晩節を紹介する。語り口がいいから、まことに読みやすい新書（310ページ）である。30人の偉人・賢人の内訳は、①古代の偉人たちが3人、②中世の偉人たちで6人、③近世の偉人たちが14人、そして④近代の偉人たちが7人である。

著者は、読む人自身の晩節を考える折の参考と考えて、この本を上梓したのだろう。

「尼将軍」の北条政子

北条政子（1157〜1225）は、源頼朝の妻である。頼朝が53歳で死去したとき、政子は43歳。髪を切って尼となる。そして、尼将軍として鎌倉幕府に君臨。家にあっては、絶対的な母権で接し、長男の頼家（2代将軍）が独裁的で重臣たちの顰蹙をかうと、将軍の地位から引き摺り下ろしてしまう。

次男実朝の没後、承久の乱が起きるや御家人に対し、頼朝（右将軍家）の御恩を示して、武士を団結させ勝利。幕府の強化、執権を設けるなど、尼将軍の権勢は絶大であった。

尼将軍は、人として幸せだったかとなれば、『承久記』によると、政子は晩年「私ほど苦労した女はいない。夫・娘・息子の死、戦乱の6年間（平家滅亡）、こんな辛い人生ならもっと早くあの世へ行きたかった。死んでしまいたい心境である」と書く。これが本音であるなら、普通の家庭の幸せを求めていたか。

絵を描き続けた葛飾北斎

「富嶽三十六景」で知られる北斎（1760〜1849）は、江戸本所割下水（現・墨田区）で、宝暦10年に誕生。6歳のころより、好んでモノの形を描くようになり、19歳のとき浮世絵師・勝川春章の弟子となり、翌年から勝川春朗と名乗って絵師人生をスタート。役者絵や美人画の下絵を多く手がけたが、研究熱心で他派の技法や西洋の遠近法などを片っ端から学んで、作品に取り入れた。これが兄弟弟子たちの反感をかい、30代で破門。それから10年後、葛飾北斎として浮世絵版画を出すようになる。

「富嶽三十六景」を出版したのは70歳を過ぎてからだ。ひたすら絵を描き続けていた北斎だが、常に金に困っていたようだ。絵を描くこと以外は何もしないで、あきれられていた。「あと10年、いや5年、命を長らえさせてくれたら、真正の画工になれた」と言って亡くなる。その向上心には敬服する。

『晩節の研究』
河合 敦 著
幻冬舎新書

いいだ・みのる　昭和８年東京・小石川生まれ。千葉大学で教育学を、法政大学で法律学を学ぶ。千葉大学教育学部附属小学校に２８年間勤務。同校副校長を経て浦安市立浦安小学校長。62年４月より千葉経済大学短期大学部に勤務し教授、初等教育学科長を歴任。この間千葉大学、放送大学講師（いずれも非常勤）を務める。主著に『職員室の経営学』（ぎょうせい）、『知っておきたい教育法規』（光文書院）、『教師のちょっとしたマナーと常識』（学陽書房）、『伸びる芽育つ子』（明治図書）ほか共著・編著多数。

千葉経済大学短期大学部
名誉教授
飯田　稔

"剃刀大臣" 陸奥宗光

不平等条約改正に力を注いだ外務大臣、日清戦争で日本を勝利に導いた政治家として知られる陸奥宗光（1844〜1897）は、人々から畏怖されていた。この人は、持病の結核が悪化して体調を崩す。

外務大臣のポストは、盟友・西園寺公望が代理し、外務次官の原敬も省務を補佐した。陸奥は、神奈川県大磯で静養し、詳細な外交記録『蹇蹇録』を執筆する。これを成果に、この人は総理大臣になろうとしたようだ。しかし、残念ながら総理大臣に就任することはなかった。

それでも外務省に病身で足を運び、将来このような政策を行うと語った。命が尽きそうな陸奥の姿を見て、部下たちは正視できなかったと聞く。彼は55歳で他界したが、彼の遺志は、盟友・伊藤博文、西園寺公望、愛弟子の原敬が見事に引き継いでいる。

晩年は人さまざまだ

本書で紹介された偉人・賢人の晩年は、まことにさまざまである。本人が死を覚悟、決意したかどうかは別として、その終末の日を承知しておこう。

まず、人生に満足して旅立った人がいる、功成り名を遂げた人もいる。一方、家族と別れて淋しく死んでいった人、貧しい暮らしのなかで死を迎えた人もある。親・兄弟と付き合えぬまま旅立った人、目的半ばで死を迎えてしまった人もある。また、情死してしまった人もないではない。人それぞれに晩年を迎えていることが分かる本書である。

どんな晩年を迎えるかは、自分では予測できないだろう。神や仏だけが知っていることなのかと思う。しかし、充実して満ち足りた晩年を迎えるには、自分で努力すれば可能なのではないか。努力には、目標が必要である。それを考えて、残された人生を過ごしたらいかがか。本書は、私たちの想像をはるかに超えている晩節を送った人物が中心である。読み進めながら、自らの晩節はどうなるかと、気がかりでもあった。実は、晩年にさしかかっている自分であるのに……。

ストレスに対抗する心の力をつける その① 「視点の転換」

精神科医（精神保健指定医）・
産業医（労働衛生コンサルタント）
奥田弘美

今回からは、ストレスに対抗するための心の力をアップするヒントを4回に分けてご紹介していきます。

まずは「視点を転換する」方法について述べたいと思います。私たちは大きなストレスに遭遇したとき、寝ても覚めてもそのことで頭の中がいっぱいになってしまいます。そのストレスが大きければ大きいほど、頭の中は混乱していますから、柔軟なものの見方ができず一つの視点に凝り固まってしまいやすくなります。

そんなときは、まずは凝り固まった（フリーズした）視点の転換を図っていくことから始めましょう。次に大きなストレス下におかれたとき、陥りやすい視点のフリーズ・パターンと、転換のヒントを示します。全てがそのときの状況に当てはまらないかもしれませんが、自分にしっくりくるものがあれば、ぜひ活用してください。

●**視点の転換その1**
フリーズパターン

「完全に失敗してしまった」

「ああもう全く駄目になった」

→**転換のヒント**

「99%駄目でも、1%残っていることはないだろうか？」

「10%でもできたこと、得たことはないだろうか？」

思うような結果がでなかったとき、「完全に失敗した、駄目になった」というのは、完璧主義の人ほどとらわれてしまう考え方です。物事が完璧にできなければ、決してOKを出すことができません。この傾向のある人は、特に大きな挫折や失敗に直面した

ときには、できなかったことやマイナス面ばかりに視点が向いてしまい、過剰な絶望感に陥ってしまいます。

こんなときは、例のように1％の可能性でもいいから目を向ける、もしくは10%でも達成できたこと、得たことを認めてあげるという視点の転換をしてみましょう。今回の経験で何か一つでもできたことや、学んだこと、自分に残っている可能性などをひねり出して、書き上げてみましょう。次第に心が落ち着いてきます。

●**視点の転換その2**
フリーズパターン

「いつも私はこうなのだ」

「これからも、きっと上手くいくはずがない」

→**転換のヒント**

「上手くいかない原因が分かった。ここを改善すると次はきっと良くなる」

「人生で、全く同じことは絶対に起こらない」

大きな失敗や挫折を経験したとき、自分への自信がなくなって、「私は、いつもこうなのだ」と過度に一般化したり、「きっとこれからも、上手くいかない」と将来をも決め付けてしまったりするときがあります。

こんな気持ちにとらわれてしまったときは、「次はきっと良くなる」「まったく同じことは起こらない」というセリフを、声に出して唱えてみましょう。今回失敗したということは、上手くいかない原因が一つ判ったということですから、冷静に考えると次に成功する確率は増えています。また実際、一日として同じ日がないように、人生で同じことが起こるこ

●おくだ・ひろみ　平成４年山口大学医学部卒業。都内クリニックでの診療および18か所の企業での産業医業務を通じて老若男女の心身のケアに携わっている。著書には『自分の体をお世話しよう〜子どもと育てるセルフケアの心〜』（ぎょうせい）、『１分間どこでもマインドフルネス』（日本能率協会マネジメントセンター）など多数。

とは、滅多にありません。それらを、まずは自分自身に気付かせてあげましょう。

●視点の転換その３
フリーズパターン

「あ〜あ、もうどうにでもなれ。私には所詮、無理だったんだ」

「こんな状況には耐えられない。もう投げてしまえ」

→転換のヒント

「朝の来ない夜はない」

「終わりのないトンネルはない」

「冬のあとには必ず春がくる」

「今は虹を出すために、雨が降っているだけ」

大きなストレスを抱えているときは、病的に悲観的な心理状態となります。自分の未来が真っ暗に見えて、絶望的になったり、全て投げ出してしまいたくなります。そんなときこそ、上記の４つのフレーズうち、ピンとくるものを声に出して、何回も唱えてみてください。

これらの言葉には、未来に向かって前進していくためのポジティブなパワーがこもっています。今の状況が永遠に続くものではないということに気が付くと、捨て鉢になったり、あきらめてしまったりする気持ちにブレーキがかけられます。

●視点の転換その４
フリーズパターン

「みんなが私を非難している」

「全て自分のせいだ」

→転換のヒント

「みんな、全て、誰も、ということは、絶対にありえない」

ストレスによってエネルギーレベルが下がっていくと、気持ちが抑うつ的となり、被害的な思考が湧きやすくなります。例えば周りの人が全て自分の悪口を言っているように思えたり、みんな自分のせいだと過度に決め付けてしまったり……。

そんなときには自分自身に、はっきりと「全て、みんな、誰もが、では、決してない」と宣言してあげましょう。そして、「たしかに一部は、そうかもしれないが、そうじゃない人（部分）も存在する」と視点を転換します。

実際に、その集団から一歩出れば、自分のことを知らない人がほとんどです。また友人、家族といったプライベートな人間関係には、自分の味方が必ずいるはず。そのことに気付くと、過度な被害妄想から立ち直りやすくなります。

子供の学習意欲

学習意欲を高め発揮する子供の姿

　教師は学習に対する子供の意欲を高めようと努力する。一方的にやらされている学習よりも、自ら主体的に学ぼうとすることこそが重要であり、そうした学習活動においてこそ、学力が確かに育成されると実感的に理解しているからであろう。

　子供が意欲的に取り組む姿を、学習活動の導入、展開、終末の各場面からイメージしてみよう。

　例えば、生活科で野菜を栽培する場面を想像してみよう。ミニトマトやキュウリなど、家庭の食卓に上がる野菜に興味を抱いている子供に対して、実際に教室にミニトマトやキュウリを持ち込んでみる。目の前で観察をすれば、即座に「ミニトマトを食べてみたい」「キュウリを育ててみたい」と素直に関心を示し、栽培活動への意欲を高めることだろう。子供には、対象に対する知的好奇心が内在している。

　そんなとき、教師から「育ててみようか？」と問いかけると、子供は「うん」と大きく頷き、「ぼくはピーマンがいい」「私はナスにしようかな」とやる気満々の発言が続く。ここで特徴的なのは、「ぼくは」「わたしは」と一人称で語ることである。自分のことは自分でやりたい、という強い思いをもっているのが、子供本来の姿である。

　さらに、子供の発言は続く。「ミニトマトが採れたら、お母さんに食べてほしい」「たくさん育てて、みんなでパーティーをしようよ」と。ここには、自分のためだけではなく、周囲の人のためになることを

したいという思いが見て取れる。こうして子供は学習活動の導入において、自立欲求や向社会的欲求をも発揮して学習活動に取りかかる。

　子供にとって、実際に野菜を栽培する体験活動は、そのこと自体が興味深く、強い関心を呼び起こすものである。学習活動の展開においては、子供が身体を通して関わることのできる体験活動が重要となる。もちろん、教科の特質に応じて体験活動には違いが表れる。ダイナミックな体験活動を行う生活科、体育科などもあれば、教科のねらいに向かう体験活動を行う理科、音楽科、図画工作科などもあろう。あるいは、やや静的ではあるが思考活動を活性化するような体験活動を行う国語科、算数科などの教科も考えられる。いずれの場合も、体験を通して、子供は外界の事象に働きかけながら学んでいく。

　このとき、子供は事象への働きかけとともに、事象から働き返され、そこに、様々な感覚や感情、気付きや発見、知識や理解が生まれ、それらが身に付いたり獲得されたりすると考えることができる。こうして、身体の諸感覚を通した体験活動を通して、自ら意欲的に学習活動を展開していく。

　体験活動を通して、自ら探究したり、自発的に取り組んだりした学習活動を終えると、子供からはきっと次のような言葉が聞こえてくるのではないだろうか。「面白かったなあ」「楽しかったね」「けっこう頑張れたかな」「こうするとうまくいくんだな」「なるほど、そうだったんだ」などであろうか。野菜の世話をしながら、野菜に関する様々な情報が、身体の諸感覚を通して手に入る。その情報が思考を通して処理され、結果的に感覚や感情、気付きや発見、知

たむら・まなぶ　1962年新潟県生まれ。新潟大学卒業。上越市立大手町小学校、上越教育大学附属小学校で生活科・総合的な学習の時間を実践、カリキュラム研究に取り組む。2005年4月より文部科学省へ転じ生活科・総合的な学習の時間担当の教科調査官、15年より視学官、17年より現職。主著書に『思考ツールの授業』（小学館）、『授業を磨く』（東洋館）、『平成29年改訂 小学校教育課程実践講座　総合的な学習の時間』（ぎょうせい）など。

田村　学
國學院大學教授

識や理解を生み、次の活動につながる。こうしたプロセスを通して学習意欲が高まり発揮されていくものと考えることができる。したがって、子供のやる気を生かし、次の活動につなぐためにも、それぞれの学習場面での取組を大切にするとともに、学習活動の節目や終末を大切にすることが欠かせない。

学習活動の節目や終末のポジティブな感情

　先に示した子供の姿からも分かるように、学習活動の節目や終末で、子供にどのような感覚や感情が生まれるかは一つのポイントと言えよう。

①充実感

　学習活動が終わったときに、言葉にはできなくても「すがすがしい」「気持ちよかったな」といった気分や感覚になれる学習活動を用意したい。学習活動を行ったことによる充実感を味わうことが、次の学習活動への意欲に結び付く。このことは、およそ次に示す三つを下支えするものとなろう。

②達成感

　学習活動の節目や終末で、「なるほど」と気付きが生まれ納得し、「こうしてみよう」と見通しをもつことが次の学習活動につながる。例えば、理科の学習活動で、ゴムをたくさん使うと遠くに飛ばせそうだと気付くことで、今度はゴムの数を増やしてみようと子供は考える。

　また、節目や終末で、「できた」「できそうだ」を実感することも大切になる。例えば、体育科のマッ

ト運動で前回りができたことが、次の後回りにつながる。また、もう少しで前回りができそうだと実感することが、さらなる前回りの練習につながる。しかも、できたコツやできるようになった練習方法などに気付き、それを自覚することが、次の練習を意図的で積極的なものに変えていく。このように、「わかる」「できる」などの達成感を感じられることが、次の学習活動への見通しをも生み出す。

③自己有能感

　自分自身の成長を実感できるようにすることも大切である。自分自身に対する有能感を感じ、学習活動に対する自らの姿を肯定的に捉えることができることは、次の学習活動への意欲を高める。自己信頼を基に「やれそうだ」「また頑張ろう」と思えることが、次の学習活動へと子供を突き動かす。

④一体感

　学習活動を通して、「一緒でよかった」「みんなで学習すると楽しい」と感じ、協働的に学ぶことの価値を実感できることも大切である。学習活動は、集団の中において行うことが多い。そうした中で自分の考えを確かにしたり、互いの考えを交流し発展させたりすることが期待されている。学習集団において、協働的に学び合うことのよさや楽しさを実感することが、次の学習活動への前向きな取組を実現する。

　ここまで示してきたように、ポジティブな感情を得ることで生まれる学習意欲を、繰り返し経験し、積み重ねることが大切なのであろう。そのことが、安定的で持続的な学びに向かう力、意志を確かにしていくものと期待できる。だからこそ、子供の目線に立った学習活動を構想することが欠かせない。

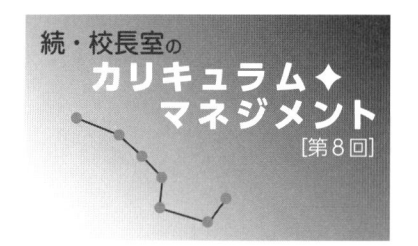

人間形成の物語を

東京学芸大学准教授
末松裕基

◆ 物語なき時代にあえて

　カリキュラムをどのように考えるか。このような話を本連載では直接にはせずに、あえて迂回してきました。ここでも教科書的な定義はせずに、人間形成がどのようにあるべきか、何を目指してどのような学びをよしとして議論するのかという広い視野から考えてみたいと思います。

　今のような不透明で先行きの見えない世界や社会で、人間がどのように育ち学んでいくか、つまり、人間形成の物語をどのように構築できるかということです。

　哲学的な議論としても、現実的な現象としても「これを信じておけばよい」という「大きな物語」が社会で成立しなくなってきたと言われて、もう50年ばかり経とうとしています。

　それでは、個々人がそれぞれ目先の快楽を求めて「小さな物語」に満足していればいいかというと、それでは社会はますます自己中心的で、かつ、人とのつながりをみんな求めてはいるものの軽薄で安易なSNS的なつながりしかない世界になってしまいます。本当に他者の助けや支援を必要とするときには、お金を支払ってサービスを得るしかないような事態にもなりかねません。SNSはあくまで「サービス」と名の付くものですので、どこまでいっても消費的なつながりしか期待できないのも事実です。

　それでは、なぜ、このような事態が生じたのでしょうか。人間や社会に関わる物語を一生懸命考えようとするのは、なにも、教育の世界の特権ではありません。

　私がこの連載でも意識的に度々取り上げている小説家や詩人は、「社会のカナリア」として、人間形成の課題について真っ先に警鐘を鳴らす役割を果たしてきましたし、脚本家も人間や社会に関する前例のない物語を紡いでいるという点では、教育界が見習うべきヒントを数多く生み出しています。

◆ 損得を超えた物語を

　たとえば、脚本家ユニットの木皿泉は、次のようなおもしろい指摘をしています。少し省略をしながらご紹介します。

　「今すべてが一時しのぎ的で基盤がないもんね。高度成長時代であれば、冷蔵庫やクーラーを買えば楽な生活ができるという物語があるから、みんな明日を信じて頑張ることができた。だけど今は雇用も年金も危ういし……生きることに立ちすくみ、『現実』に対して受け身になってしまう。わかります……『どうせこんなもんだ』と決めてかかっている感じがしますよね、特に若い人は。行動する前に情報を検索して、損か得かみたいな線をあらかじめ引いちゃう。映画だったらレビューで星が多い方を見た方が得だとか、

●すえまつ・ひろき　専門は学校経営学。日本の学校経営改革、スクールリーダー育成をイギリスとの比較から研究している。編著書に『現代の学校を読み解く─学校の現在地と教育の未来』（春風社、2016）、『教育経営論』（学文社、2017）、共編著書に『未来をつかむ学級経営─学級のリアル・ロマン・キボウ』（学文社、2016）等。

損をするのを嫌だから勝ち馬に乗っておこうとか。自分で勝手にそんな線を引くから、世界が『どうせ』に縮んでしまうんです……世界はたまたまこんな風なだけで、明日は全く違っているかもしれない……少し視点をずらすだけで世界は変わります……損得を超えたところで人間関係を作っていかないと……私たちが生き得る物語はほかにもたくさんあるんだということを見せていくことによって、誰もが立ちすくんでしまっている現状を打ち破ることができると思います……数字や損得を超えた物語を描く力。それが日本の政治、政治家だけじゃなくて、私たちの側にも足りないんじゃないかなあ」（「世界は『どうせ』で縮みゆく」朝日新聞、2013年9月13日）

このような指摘を踏まえると、教育界に携わる人にも人間形成に関わるシナリオ作成能力が求められていることがよく分かります（だからこそ、フィクションを含めて、たくさんの本や映画などを通じて物語に触れる必要があるのです）。

社会が複雑になり、人間関係が難しくなればなるほど、表層的で安易な物語が蔓延します。「泣ける話」や「すぐ分かる話」をはじめ「人間関係がうまくいく〇〇の法則」や「〇〇するための15の法則」のような根拠も耐久性も無い言説が書店やテレビには溢れかえっています。

中学校の教科書レベルでも本気で勉強したことがある人は分かると思いますが、歴史一つを学ぼうとするだけでも、自分が知らない世界がとんでもないほどの広がりと深さで実は存在していることに気付きます。

刹那的に「いま」「ここ」にばかり目を向けて、人間関係を打算的に考える環境が増えてきましたが、そういったものを学校での学びを通じて乗り越える可能性はかなりあります。

◆人間形成の物語を

教育学の世界でもこれらについての議論は丁寧になされています。たとえば、教育哲学者の高橋勝さんは次のように論じています。

「『大きな物語』の退場は、無数の「小さな物語」の登場に道を譲ったのかといえば、必ずしもそうではない。アイデンティティや自己形成といった個人の生を根源的に意味づける物語そのものが、いまや衰弱死しかねない状況が出現している。……いつしか有用性と経済効率というフレームが、私たちの日常的思考を拘束する初期設定となった。その結果、社会という土壌で、大小の物語そのものが根腐れ状態となり、技術的な『問題処理』的思考ばかりが氾濫する時代となった。……その結果、どのような状況が生まれたのか。……本来は、大人世代から子ども世代への知恵や物語の伝承行為であり、夢や希望、理想や願望を基盤として成り立つ人間形成の営みが、そうした『物語性』を封印する方向で、経済効率的に語られる傾向にある……『人間形成の物語』が不在のまま、過剰な教育意識が子どもに差し向けられるという、まことに逆説的状況が出現している。しかしながら、物語を欠いた人間形成の論議ほど不毛なものはない。……明治期以来、人間形成や教育が、これほどの息苦しさと負担感の中で行なわれる時代はいまだかつてなかったはずである（『経験のメタモルフォーゼ─〈自己変成〉の教育人間学』勁草書房、2007年、i-iii頁）。

エビデンスやアカウンタビリティが声高に叫ばれる時代ですが、教育の世界でもっと夢やロマンが語られてよいと思います。

学校管理職の確保・育成〈その1〉

●本稿のめあて●
今回から、数回に分けて、学校管理職（校長、副校長・教頭）の
確保と育成について見ていきます。今回は、学校管理職の職務と
その資格、管理職への選考の仕組みを中心に紹介していきます。

学校現場における管理職とは、学校教育法上、校長、副校長・教頭に分類されます。

筆者自身の教員経験や教育行政に長く在職した経験、校長経験等を踏まえて、今回から数回に分けて、学校管理職の人材確保・育成について見ていくこととします。

校長の職務と採用・昇任

校長の職務は、「校務をつかさどり、所属職員を監督する」（学校教育法第37条）と規定されています。つまり、学校教育の管理、教職員の管理、児童生徒の管理、学校保健の管理や施設・設備の管理など、その職務は広範囲にわたっています。校長の前段階の副校長・教頭についても学校教育法第37条に規定されていますが、その職務は校長を助けることとなっています。

校長（副校長・教頭、教諭等を含む。）の採用・昇任は、任命権を有する教育委員会の教育長が実施する選考によると規定されています（教育公務員特例法第11条）。

また、校長（副校長、教頭を含む。）の資格については、教員免許状を有し、かつ、教育に関する職に5年以上あった者、または教員免許状を有していないものの教育に関する職に10年以上あった者としています（学校教育法施行規則第20条）。なお、こうした資格がなくとも、中央教育審議会答申「今後の地方教育行政の在り方について」（平成10年9月）を踏まえ、平成12年度より、校長については、教員免許状をもっておらず、学校教育法施行規則第20条に規定する「教育に関する職」に就いたことがない者の登用ができるようになりました。いわゆる「民間人校長」の登場です。また、平成18年度より、教頭についても同様に資格要件が緩和されました。こうした動きは、教育に関する理解や識見を有し、地域や学校の状況・課題を的確に把握しつつ、リーダーシップを発揮して、組織的・機動的な学校運営を行うことができる優れた人材を確保することが求められたことにその背景があります。

学校管理職への昇任制度

校長、副校長・教頭への昇任には、選考試験を実施する場合がほとんどです。文部科学省が平成30年度に公表した「公立学校教職員の人事行政状況調査（平成29年度実施）」によれば、ほとんどの都道府県で実施していますが、校長選考や副校長・教頭選考を実施しない県もあります。実施している都道府県によって、その年齢制限、経験年数、職種資格などはかなり異なっています。また、選考を受験する場合に、例えば、校長の場合は教育委員会の推薦が必要であったり、副校長・教頭選考の場合は、校長または教育委員会の推薦が必要であるとしている県もあれば、一切推薦者を必要としない県もあります。

学校管理職確保の課題

全国的に見て、昨今、学校現場で管理職を目指す教員が足りないと言われています。このことの理由は、生涯一教員で退職まで教科指導で生きたい、管

たかの・けいぞう　昭和29年新潟県生まれ。東京都立京橋高校教諭、東京都教育庁指導部高等学校教育指導課長、都立飛鳥高等学校長、東京都教育庁指導部長、東京都教育監・東京都教職員研修センター所長を歴任。平成27年から明海大学教授（教職課程担当）、平成28年度から現職、平成30年より明海大学外国語学部長、明海大学教職課程センター長、明海大学地域学校教育センター長を兼ねる。「不登校に関する調査研究協力者会議」委員、「教職課程コアカリキュラムの在り方に関する検討会議」委員、「中央教育審議会教員養成部会」委員（以上、文部科学省）を歴任。

明海大学副学長

高野敬三

理職となると多忙な業務がありその業務をこなす能力・適性がないし自信もない、管理職として見合った処遇が保証されていないなど、様々な課題があるのではないでしょうか。

東京都の例を見ることとしましょう。東京都は、それまで、校長選考、教頭選考、指導主事選考と3本の選考体系があったものを、平成12年度に教頭選考と指導主事選考を「教育管理職選考」として一本化しました。教育管理職選考にはA選考とB選考を設定して、A選考は行政感覚にもすぐれた教育ゼネラリスト的な管理職、B選考は学校運営のスペシャリスト的な管理職の育成を目指しました。制度発足当時はA選考、B選考とも4、5倍の倍率を維持しましたが、平成17年度には2倍、平成18年度からは1倍程度となり、選抜がほとんど機能していない状況が現在まで続いています。

東京都の場合は若干異なる要素もありますが、全国的に、管理職候補者が激減しているという実態が明らかにされてきています。

学校管理職に関する答申・報告等

前述の「今後の地方教育行政の在り方について」では、次のことを指摘しています。

校長の選考に当たっては、人物・識見重視の観点から、教育や法令に関する知識等に偏った筆記試験を行わない方向で見直すとともに、教頭の選考についても、そのような筆記試験の比重を縮減すること。また、ふさわしい資質と意欲をもった若手教職員や学校外の人材を積極的に任用すること、校長が自ら

の教育理念に基づいて、特色ある教育活動を推進できるようにするため、校長の在職期間の長期化を図ること、複数教頭の配置を推進すること、校長、教頭の学校運営に関する資質能力を養成する観点から、例えば、企業経営や組織体における経営者に求められる専門知識や教養を身に付けるとともに、学校事務を含め総合的なマネジメント能力を高めることができるよう、研修の内容・方法を見直すことなどを指摘しています。更には、管理職の適材確保については、その登用後の研修も重要であるが、登用前の管理職の育成が重要であり、管理職の人材育成と適材確保の観点から、管理職となる候補者に研修などを行い、そのなかで資質能力を育成しながらこれを登用することなどを求めています。

教育委員会における取組課題と役割

こうしたことから、任命権者である都道府県教育委員会は、全ての児童生徒の教育をつかさどる教員組織体制の中での経営者たる校長、これから校長として任用される副校長・教頭、これから副校長・教頭として任用される教諭に対する現職研修の充実や、将来学校管理職となる教員の発掘と事前育成など、学校管理職任用制度の改善を果敢に実行していく必要があります。

次回以降は、もう少し掘り下げて、学校管理職の確保・育成を見ていくこととします。

子どもの心に響く
校長講話
[第8回]

江戸しぐさ

福岡県筑紫野市立原田小学校長　手島宏樹

　明日から、冬休みが始まります。

　冬休みには、大晦日やお正月、初詣や初売り、初日の出など、昔から伝わる伝統的な催し物や行事がたくさんあります。

　そんな伝統的な催し物や行事に参加したり、電車に乗って出かけたりするときの心構えを、6年生が道徳の時間に学習した「江戸しぐさ」という話をもとにお話をします。

　今から、何百年か前、今の東京が江戸と呼ばれていたころの話です。

　その当時、江戸の町では、とても多くの人たちが狭いところで一緒に暮らしていました。

　ですから、江戸の人たちは、争いごとを起こさずに、仲良く助け合っていこうという思いを、みんながもっていました。

　その思いが、今から話をする「江戸しぐさ」によく表れています。

　まずは、「傘かしげ」です。

　そのころの江戸の町は、家と家との間が狭く、雨が降って傘を差した人同士がすれ違おうとすると、傘がぶつかってしまい、傘についている雨のしずくが相手にかかります。

　そこで、お互いの傘を外側に傾けてすれ違っていました。

　今から、6年生にしてもらいます。お願いします。

　このように、お互いに傘をかしげると、相手の人にしずくがかからなくてすむのです。

　相手のことを思いやった行動ですね。

　これが「傘かしげ」です。ありがとう。

　次は、「こぶし腰浮かせ」です。

　江戸の人たちが、船に乗っていると思ってください。

　江戸の人たちは、川を渡る船に乗っているときに、後から人が乗って来ると、座っている人全員が一斉に、こぶし一つ分ずつつめて、乗ってきた人が座る場所をつくっていました。

　6年生にしてもらいます。お願いします

　このように、みんながこぶし1個分ずつ、つめることで、全員が船の中で座ることができ、安全に川を渡ることができます。

　これが、「こぶし腰浮かせ」です。

　今でも、電車の中で、お年寄りの方に席を譲ってあげている人を見ます。

　そのとき、その横に座っている人も少しずつ席をつめている光景に出合います。

　これが、今の「こぶし腰浮かせ」かなと、校長先生は思います。ありがとう。

　他にもあります。

「うかつあやまり」という、江戸しぐさです。

人がたくさん集まっている場所では、お互いの足下が見えず、間違って人の足を踏んでしまうことがあります。

踏んだ人は当然、「すみません」と謝りますが、踏まれた人が、「痛えな。気をつけろ」などとやり返して喧嘩になることもあります。

しかし、江戸の人たちは違いました。

足を踏まれた方の人が、「こんなところに、足を出していた私もうかつでした。すみません」と、謝るのです。

このように、江戸の人たちは、お互いに争いごとを避け、相手の失敗を決して責めずに、お互いを思いやりながら仲良く暮らしていました。

こうした優しい心や思いやりの心など、人として大切な心を、言葉や行動で表したものが「江戸しぐさ」です。

明日から、冬休み。

お正月には、初詣や初売り、神社やデパートなど公共の場所に出かけたり、バスや電車など公共の乗り物に乗ったりする機会もあると思います。

周りにいる人に対して、やさしい心や思いやりの心を言葉や行動として表していけるとよいと思います。

最後に、「江戸しぐさ」をしてくれた6年生に拍手をお願いします。

【講話のねらいとポイント】

年末年始を控え各地域で伝統的行事等が行われます。子どもたちの地域行事への参加を促す良い機会でもあります。事前に「江戸しぐさ」などのマナーを伝えて参加を促すことも大事ではないかと考え話をしました。今回は、6年生の子どもたちにも登場してもらいました。「江戸しぐさ」は、6年生が道徳の学習の時間に用いた資料です。「江戸しぐさ」は、大勢の人が狭いところで一緒に暮らしていた時代に、争いごとは起こさず、仲良く助け合って生きていこうという願いが所作となって現代に伝えられているものです。

「しぐさ」は、今の時代に置き換えれば、道路や乗り物など、公共の場での礼儀であり、社会生活上のマナーにあたります。図書館や博物館では静かにすることや、バスや電車の中で大声で話をしないこともマナーの一つです。エレベーターで最後の人が降りるまで「開」のボタンを押し続けることは、「江戸しぐさ」に通じるところがあると思います。

【12月の学校経営】

季節も冬へと移り変わり、インフルエンザの流行の兆しも見え始めました。12月から2月までの間は、寒さに負けない強い体をつくるよい機会です。その基本は、元気いっぱいの外遊びだと考えています。

友達を誘い合って元気いっぱい運動場で遊ぶ子どもの姿を期待しています。私はお昼休みに教室をよく回ります。空っぽになった教室。机といすが後ろにさげられ、そうじの準備もできています。そんな光景を目にし、運動場を駆け回っている子どもの姿をぼんやり眺めています。私たちも体調管理に気を付けて、充実した教育活動を推進したいものです。

60歳になって、合気道の稽古を再開しました。

四段に昇段したのが平成12（2000）年でしたから、18年、足かけ20年は作家稼業にかまけて、碌に稽古をせず、サボってきたことになります。

家が代々、剣術を伝えてきたこともあり、ときおり思い出したように、木刀の素振り程度はやっていたのですが、攻防にわかれて、技の反復をくり返す合気道の型稽古では、スタミナがものをいいます。そういえば、今は亡き父が小学生のころの筆者に、「1日サボれば、とり返すのに3日はかかる──」とよく言っておりました。

一般の方の邪魔になってはいけないと思い、1対1の個人稽古を東京・新宿の合気会本部道場にお願いしたのですが、1時間の稽古がなかなか完遂できません。相手をしてくれるのは、筆者の歳の半分の青年指導員。こちらは準備体操も体が硬くなって、なかなか思うに任せません。

さて、稽古をお願いするのですが、最初の1つ目の技はなりにできるのですけれど、くり返しのなかで、すぐに息があがってしまいます。

わずか1時間の、それも休息を考えてもらいながらの稽古が、思うようにできません。技の動きを間違えることも再三です。

「こんなはずじゃなかったのだが……」

学生時代、もしかしたら自分は天賦の才に恵まれているのではないか、とうぬぼれていたころを、情けなく思い出します。ちゃんと、稽古をつづけていればよかったものを……と、後悔先に立たずです。帰路に就くおりの、むなしさ、やるせなさというのは、例えようがありません。

歴史家・作家

加来耕三

"六十の手習い"——合気道に復帰して

より深刻なことは、60歳という現実を、いやというほど思い知らされることでした。

もう、若くはないのだ、というあたり前のことを、実感させられてしまいます。

考えてみれば、武道は合気道にかぎらず、一生に1度あるかないか——おそらくはないであろう——"いざ鎌倉"に備えて、心身を鍛えるものであり、"六十の手習い"に選ぶべきではなかったのではないか、と頭を掠（かす）めることもありました。

せめて剣術、杖術、弓道にしておけば、受け身をとらなくていいだけでも楽な気もしたものです。

ところが週に1度、時間をやりくりして稽古に通っていると、ふいに入門したころのこと、有段者以前のころを思い出しました。足の裏の皮がめくれて痛かったな、膝行（しっこう）（ひざがしらで進退する）がうまくできずに往生（おうじょう）したな——云々。

不思議なもので、1日道場を複数かけもちして、懸命に稽古していた学生時代は、昨日や一昨日の技のことばかりが頭にあったのですが、今回、思い出すのは入門したてのころのことばかり。これまでずっと、忘れていたことでした。

2か月ぐらいして、相手をしてくれている指導員が、「体が思い出してきましたね」と言ってくれました。技のキレが——もちろん、初手だけですが——少し20年前に戻ったような、実感をもつことができました。

「まだ、やれるじゃないか」

こう思えたときの嬉しさは、20代、30代のときにはなかった、心はずむものでした。

筆者の個人稽古は、もうじき半年を経過します。

● Profile ●

1958年大阪府大阪市生まれ。奈良大学文学部史学科卒業。学究生活を経て、1984年に奈良大学文学部研究員。現在は大学・企業の講師を務めながら、歴史家・作家として独自の史観にもとづく著作活動を行う。『歴史研究』編集委員。内外情勢調査会講師。中小企業大学校講師。政経懇話会講師。著書に『歴史の失敗学』（日経BP）、『紙幣の日本史』（KADOKAWA）、『日本史に学ぶ一流の気くばり』（クロスメディア・パブリッシング）、『利休と戦国武将　十五人の「利休七哲」』（淡交社）、『1868　明治が始まった年への旅』（時事通信社）などがあるほか、累計240万部を数える「コミック版日本の歴史シリーズ」（ポプラ社）の企画・構成・監修などもおこなっている。

生徒も教師も成長する「Dトライアングル」で学校を活性化

福岡県太宰府市立太宰府中学校

「Dトライアングル」で目指す「響育推進」

太宰府市立太宰府中学校（山﨑明彦校長）の研究主題は「学習、心、自分が輝く生徒の育成」。主体的に学び対話を通して自分の考えをもてる生徒（学習：学力）、自他を理解しながら思いやりの心を実践できる生徒（心：心力）、将来の夢や目標に向かって失敗を恐れず最後までやり通すたくましい生徒（自分：根性）を、目指す生徒像とした。そのためのアプローチとなるのが、同校が取り組む「Dトライアングル」だ。授業改善を目指す「太宰府中メソッド」、社会性を育む「SEL-8S」、生徒が輝く「太宰府中失敗学」と「おもてなしプロジェクト」の三つが相互に関わり合い、共に輝く「響育推進」を進めている。

授業改善を推し進める「太宰府中メソッド」

「太宰府中メソッド」は、主体的な学びを促す授業を目指したもの。めあての提示→学習の見通し→学習課題の提示→個別思考→対話的な学び→振り返りといった学習過程を「基本形」とした50分完結型の授業で、全学年・全教科等にわたり実践される。

例えば、1年数学「方程式」の「解が問題の答えとしてあう文章問題をつくろう」という授業では、問題例を提示し（学習のめあての提示）、自分なりの問題様式を考えさせ（学習の見通し）、自分が作っ

課題の提示

た問題に向き合い（個別思考）、班内で検討し（対話的な学び）、考えをまとめさせる（振り返り）といった学習過程をきっちりと50分で行っている。

授業を行った正規採用2年目の井關真利子教諭は、「講義形式の授業ではこのような学習はできません。生徒にとってはどの教科でも同じ流れなので安心感があるし、

個別思考

対話的な学び

図　授業診断シート

令和元年度太宰府市立太宰府中学校

授業診断シート

実施日　令和元年　　月　　日（　）限

授業者

診断者

＜今年度の研究主題＞
学習、心、自分が輝く生徒の育成
— Dトライアングルからのアプローチを通して —

＜授業実践上の鉄則＞
○自ら課題をつかみ→導入段階で、めあてにつながる活動や説明、課題意識をもつ「めあて」の提示
○見通しをもって→導入段階で、50分間の学習内容と方法を見通す（達成目標と学習方法）
○解決し→展開段階で、個別思考（主体的）の場と集団思考（対話的）の場の工夫
○自己の伸びを実感する→振り返りの段階で、「わかった」「できた」を明確にもつ工夫

項目	診断内容	4	3	2	1
課題をつかむ	「めあて」に結びつく**活動や発問・指示・説明**がある（**生徒の意欲的な姿**）				
	生徒の課題意識をたかめる「**めあて**」の提示がある（**内容＋方法＋活動等が簡潔でわかる「めあて」**）				
	50分間の授業の「**学習内容**」「**学習方法**」の見通しをきちんと示している（達成目標と手立ての明確化）				
主体的・対話的活動	課題に対して「**個別思考**」を通して自力解決している（**主体的に根拠ある自分の考えをつくる**）				
	課題に対してよりよい「**対話的活動**」の場がある（**自他の考えを伝え、聴く場がある学習形態**）				
	教師は適切な机間巡視を行いながら**指導支援**することができている				
	生徒の「**対話的活動**」における姿勢態度は適切である（目を見る・頷く・根拠に基づく対話）				
	70％程度以上の生徒が「**対話的活動**」を通して**課題を解決することができる**				
振り返る活動	50分間の授業について**適切な振り返りの場がある**（**工夫された振り返り**）				
	学習内容についての明確な振り返りがある（**学習内容がきちんと振り返られている**）				
	振り返りの活動を通して生徒が「**わかった**」「**できた**」等の**実感をすることができている**				
メモ					

教師も協働的な授業研究ができるので、同じ教育観で授業を行っていくのは大事だと思います」と言う。

　同校では、「授業診断シート」を作成し、「太宰府中メソッド」に基づく授業評価を行っている。いわばアクティブ・ラーニングのチェックシートだ。全教員が年2回、校長を中心とした校内参観授業を行っているが、授業後には、校長自らが「授業診断シート」に評価を記載し、夕方までには全員にフィードバックする。その日の授業についてその日のうちに、良い点・改善点が示されることで、教師自らが自身の授業を振り返ることができるだけでなく、必ず良い点が指摘されることでモチベーションアップにも役立っているという。

　授業改善を通した学力づくりと授業力向上を同時に図る試みが「太宰府中メソッド」なのだ。

生徒の心を耕すSEL-8S

　心を育てる試みとして太宰府中が取り組んでいるのがSEL-8S。SEL-8Sとは欧米で広く実践されているSEL（Social and Emotional Learning）を日本の小中学校の実情に合わせて創案された学習プログラムだ。「自己への気づき」「他者への気づき」「自己のコントロール」「対人関係」「責任ある意思決定」「生活上の問題防止のスキル」「人生の重要事態への対応」「積極的貢献、貢献的な奉仕活動」といった八つの能力を育むプログラムが開発されている。

　同校では、これに基づいて校長自らも指導案をつくり、道徳や学級活動の中で取り入れ、授業や行事の際に実践したり確認したりして、人間関係づくりに取り組んでいるのだ。

　これにより、2年生では「自己への気づき」「他者への気づき」が飛躍的に向上、全校の不登校出現率も8.5ポイントから、1年間で4ポイント台に激減した。地域から学校に寄せられる声も、「積極的にゴミを拾ってもらった」「重い荷物を家まで運んでもらった」などお礼の言葉が目立つようになった。

自己への気づき

セルフコントロールを学ぶ

同校では、このSEL-8Sをさらに日常の様々な活動に浸透していきたいとしている。

「失敗学」と「おもてなしプロジェクト」でチャレンジ精神を発揮

「Dトライアングル」の三つめが「太宰府中失敗学」と「おもてなしプロジェクト」だ。

「成功の反対は失敗ではない」との考えから、失敗することの大切さを学び、夢や目標に向かってチャレンジする生徒を育成することを目指すのが、太宰府中の「失敗学」。「朝の失敗学講座」として月2回、教師自身が持ち回りで自分の失敗を全校生徒に語る取組、全教師が自らの失敗談を執筆した冊子『失敗してもいいんだよ』の刊行、外部講師を招いて失敗を語ってもらう年3回のドリカム講座、果敢にチャレンジした生徒を顕彰するMICHIZANE賞の制定と、失敗を恐れず前向きに取り組む心の強さを養う取組となっている。

ドリカム講座は、キャリア教育の場となっているが、「失敗学」の講師として、市長を招いたり、矯正教育に取り組む方から話を聞いた。「生きていていいんだよ」という矯正教育の立場からの話は大きな感動を呼んだという。

今年度から始めた「おもてなしプロジェクト」は、同校のハイライトともいうべきアクティブな活動だ。新元号「令和」を機に、太宰府を訪れる人々へのおもてなしを、総合的な学習や各教科で横断的に取り組む、地域と連帯・協働した活動となっている。

総合的な学習では、太宰府観光のみで帰っていく観光客の動線を市内各地の隠れた名所に誘導しようとスタンプカードを考案。生徒自らがフィールドワークを通して坂本八幡宮、戒壇院、観世音寺などのスタンプポイントを設定し、地元のイラストレーターに協力してもらい作成した。教科では、国語科で歓迎メッセージの作成、家庭科では「令和」クッキー、美術科は箸などといった500もの「おもてなしグッズ」を制作した。

即位礼正殿の儀が執り行われた10月22日、生徒たちは各ポイント

教師が全校生徒に失敗談を披露

生徒が考えた「スタンプカード」

「スタンプカード」は小さな子にも人気

天満宮で「おもてなしプロジェクト」を呼びかけ

スタンプポイントでパフォーマンス

生徒も教師も成長する「Dトライアングル」で学校を活性化

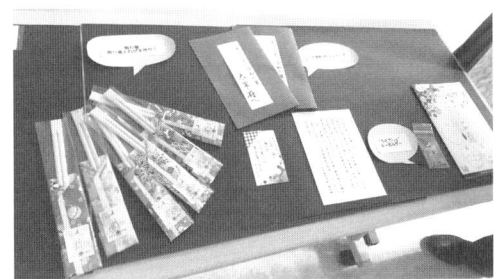
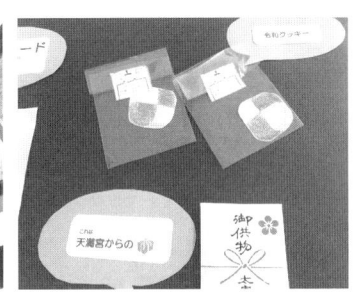

生徒が作った「おもてなしグッズ」

に散開し、観光客などにスタンプを配り、おもてなしグッズを配布したりした。市職員も協力し、各スタンプポイントで観光客を迎えて案内を行い、保護者・地域の方々も生徒の活動をサポートした。全生徒が関わり、地域に貢献しようとする試みとなった。

山﨑校長は、「直接体験や生のコミュニケーションは学校内だけではできない。学校外で褒められたり叱られたりする体験はキャリア教育にもつながるし、できればその活動が地域に貢献するものでありたい。『社会を拓く教育課程』という発想もあっていい」と語る。

学年の壁を取り払い、教師の協働体制をつくる

「Dトライアングル」を支えるのが、太宰府中の組織マネジメントだ。

「時が止まったようだった」と山﨑校長は昨年の赴任時を振り返る。メリハリなく流れる日常や、生徒指導に行き届かない状況から

脱却するため、まずは「縦のライン」づくりから着手したという。毎朝、校長・教頭・主幹教諭などが集い、連絡事項などを決め、各学年に徹底することにした。また、「学習」「心」「自分が輝く」を学校教育目標に据えるとともに、それを学校の研究主題とした。さらに、外部の資源を積極的に取り入れ、校区の太宰府天満宮をはじめとした地域資源、市内外の人材を活用した教育活動を開発していく。

赴任2年目には、「横のライン」の充実を図り、校務分掌は原則一人一役制とするとともに、学年団も一部解体した。それが、同校が「BG（ベーシックグレード）」と呼ぶ、2学年チーム制である。1年部と2年部を一つのチームとし、統括教師を中心に、1、2年の学年主任が各学年（1年班、2年班）のリーダーとなる。朝会の持ち方やタイムマネジメントなどについての提案を行っていくベテランの統括教師のもと、各学年主任には若手を起用し、情報も人間関係もフレキシブルに流れる体制をとった。そして、月1回のBG会議で

各班の進捗状況や課題を出し合い、連携・協働できることを実践していく。2学年全員で生徒の情報交換や、指導の共有化、協働的な授業改善を図ることがねらいだ。生徒を多くの目で見ていくと同時に、授業や生徒指導などに長けた教師の取組を見合うことで、指導力アップにもつなげようとの試みである。

「まずは授業改善が大事。そのためには、教師が協働し合えるシステムが必要です」と山﨑校長。

校長を支える堀浩二教頭も、「子どもに気づくことができる教師集団でありたい。そのためにより組織的に動ける体制づくりが今後も重要だと思っています」と言う。

「できるだけ若い教師に力をつけてほしい。学校の活性化には、若い力を取り込んだ強いチームが必要。教師が育ち合いながら、教師自身も『失敗』を恐れず新しいことにチャレンジできる学校にしたい」と山﨑校長は締めくくった。

授業と校務の一体改革で新しい学校づくりにスイッチが入った太宰府中。次はどんな姿を見せてくれるのだろうか。

（取材／編集部　萩原和夫）

山﨑明彦校長

現場で考えるこれからの教育

■今月のテーマ■

われこそ学校サポーター

「社会に開かれた教育課程」がいわれ、学校は地域社会と理念を共有し、

連携・協働して社会の担い手となる子どもを育んでいくことが求められています。

そこには、多様化・複雑化する学校課題に対し、地域の人的・物的資源を活かすことや、身近な社会である

地域とのつながりの中で子どもが学ぶことなど、様々な教育上の効果があるといえます。

一方で、地域の側はどのような思いや願いをもって、子どもや学校とつながっているのでしょうか。

今月は、地域の様々な立場の方に、それぞれの活動を通した学校・子どもとの関わりについて語ってもらいました。

■ご登壇者■

仙台市通町児童館館長	今野久美子	さん
厚木市立森の里公民館館長	青木　信二	さん
文部科学省コミュニティ・スクール推進員／ 大阪府美加の台中学校区ゆめ☆まなびネット代表	大谷裕美子	さん
公益財団法人YMCAせとうち代表理事	太田　直宏	さん
秋津コミュニティ顧問	岸　　裕司	さん

学校の中にある子どもの居場所、それは……

仙台市通町児童館館長 **今野久美子**

　仙台市の北部にある黒松小学校、その一角に私が関わる放課後子ども教室「わいわいパーク黒松」がある。平成17年に設立以来、仙台市教育委員会の委託事業として、地域の人材が子どもの居場所・多様な遊びの場として運営している。

　全校児童対象の「遊び講座」、自由遊びの「自由広場」「スポーツ広場」、土曜日に地域の遊び場の提供をする「体育館自由開放」などを毎月実施している。また懇談会託児や児童館の待機児童の受け皿としての「年間230日以上実施のわいわいクラブ」など、学区の小学生とその家庭を見守り続けている。

　教室の運営を続ける中、いくつかの出来事が心に浮かぶ。それは自由広場のみに申し込んでくる子どもや児童クラブの時間に自由来館でふらっと来る子ども、特に授業で放課後に時間がないのに頻繁に来る高学年など、毎年気になる子どもがいることだ。

　ある年の6年生は5年生からよく来ていた。担任の先生の話では「仲良しの友達がいない」そうで、わいわいでは低学年とのみ嬉々として遊んでいた。そしてなんと修学旅行の日まで申し込み、担任の先生が慌てて断りに来たこともあった。父子家庭の3年女子は、ガールズ・トークだとか言ってスタッフとやたら話をしたがった。不登校でお母さんと教育相談室にいた5年生は9月から頻繁にやって来た。低学年から背が高いのでポートボールで頼りにされ気負いなく過ごし、学年が変わりクラスに行けるようになってからもよく顔をみせていた。また、遊び

相手がいないと来る子どもも多い。両親が共稼ぎで祖母に預けられていた1年生男児はずっと人形でお店屋さんごっこに興じていた。支援が必要な子どももよく来る。好きに遊んでいるときは集中し落ち着いている。自由広場でひとりポケモンの絵を描く5年生は「友達とは気が合わない」と言い、クラスでは浮いた存在で友達と話をしなかった。得意な絵でわいわいの表示を描いてもらい、それがきっかけで卒業までちょくちょくやってきた。その年により学年は違うがどの子どもも一人でやってくるのだ。

　もしかしたら「わいわいパーク黒松」は、学校の中にあるから安心なだけでなく、心に何か抱えている子どもが居られる所なのかもしれない。先生とは違う友達のようなお母さんのような大人がいつも居る。じいちゃんばあちゃん世代や大学生や顔見知りの中高生も来る。先生方も時折やって来て、確かに授業中とは違う顔で子どもと遊んだり話している。そして、子どもがひとりでも来られる居心地の良い場所、自分らしくいられるところ、少なくとも学校にある"違う空間"である。一部の子どもにとって、ふらっと立ち寄れる特別な場所になっている。

　年間延べ4200名の子どもが過ごす子ども教室。地域の楽しい遊び場として定着し、心の行き場を求める子どもにとって"なくてはならない場所"になった。14年目の今、この教室を永く守り続けることが私たちの役割ではないかと考え、今後も丁寧に運営に携わっていこうと思う。

「ともに学び」「ともに成長する」
～協働でつながる学校と地域～

厚木市立森の里公民館館長　**青木信二**

　厚木市森の里地区は４月現在人口6207人、2542世帯の34年前に開かれた新興住宅地で、地区内には市立森の里小学校・森の里中学校があり、企業の開発研究施設と高校・大学が隣接した緑豊かな地区である。この地区に居住する私は自治会やPTAや青少年健全育成と30年近く活動し、縁あって2018年４月より市立森の里公民館の館長を拝命した。その数々の活動から13年前に始めた事例を紹介する。

　地域活動である森の里地区地域福祉推進委員会が主催する「ふれあい喫茶」は、家に閉じこもりがちな高齢者に地区内でサロンを提供しようという活動である。その会場が自治会館であったが、森の里小学校の余裕教室を利用できないかと声が上がった。しかしながら、地域活動の学校施設開放は容易ではなく、いい返事を得ることはできなかった。そこで「ふれあい喫茶」を学校施設内で開催することで、集まる高齢者の知恵袋を生かして新たな視点の授業が展開できるのではと地域側から提案した。地域側と学校側双方に利点があればと考えたからだ。その提案に対して森の里小学校側も学校教育に役立つと判断して、年間各学年２〜３コマ程度の授業枠をとり、教師が教科の流れに沿ったテーマを定めて、地域側が高齢者の中から講師を見つけ、教科の授業を始めることとなった。年度を重ねるたびに、数々の特徴ある授業が生まれ、新たな学びにつながり、地域側（コーディネーター）も地域の高齢者（講師）も仲間を増やしながら、学校と地域が協働した事業に成長

した。と同時に、学校施設を利用した地域活動の「ふれあい喫茶」では、児童にも無料で飲み物を提供することで、高齢者と児童がふれあう場が創出でき、地域側の目的も達成できたのだった。

　昨年度に導入された森の里小学校の学校運営協議会が早々に新たな取組に着手し、さらに実績を積んだ地域コーディネーターが中心となって「森っ子学びねっと」の名称で地域学校協働本部を設立することができた。これも13年間継続した協働事業が互いの信頼関係を築いたおかげだと思っている。

　コミュニティ・スクール化に伴い、学校応援団とか学校サポーターということをよく聞くが、学校の足らないところを地域側が埋めるという単なる一方通行の発想だけでは何も変われない。短絡的な解消策の支援だけでは、地域側に負担感のみが残り、自発的な活動に結び付かない。形ばかりのコミュニティ・スクールではなく、地域側に当事者意識が生まれ、自己有用感を育てることが大切であり、学校と地域が互いの利点をいかし、WinWinの関係＝協働することで多様性が生まれ、いま求められている学びにつながることと思う。保護者を含む地域の大人や教職員、児童・生徒も、「ともに学び、ともに成長する」関係があって初めて真のコミュニティ・スクールと言えるだろう。そう考えるとコミュニティ・スクールには地域づくりが不可欠であり、５年10年と長期的視野に立って、持続可能な活動とその核となる人づくりは絶対に必要である。

ワンテーマ・フォーラム
われこそ学校サポーター

地域とともにある学校づくり
～なわとびGO！～

文部科学省コミュニティ・スクール推進員／
大阪府美加の台中学校区ゆめ☆まなびネット代表　大谷裕美子

「やったね！　二重跳び成功したね！」

「1・2・3」

　美加の台小学校の長休みの時間に中庭から聞こえる地域の方の声です。

　平成20年に地域コーディネーターとしてゆめ☆まなびネットを立ち上げ、学校の支援活動を続けてきました。

　平成24年度よりコミュニティ・スクールを導入し、学校運営協議会が設置され連携から協働へと変化し、私は副会長を拝命しました。

　学校運営に地域住民や保護者等が参画することを通じて学校・家庭・地域が目的や課題を共有し、教育活動の実践に地域の力を的確かつ機動的に反映させるとともに、地域ならではの創意・工夫を生かした持続可能な特色ある学校づくりをすすめています。

　その中で毎年取り組んでいる「なわとびGO！」。1か月の強化期間を設定し、午前の長休み（20分）と昼休み（20分）の毎日2回、子どもたちのなわとびの技を高める課題に取り組むため、地域の方に「なわとび認定士」になっていただきます。

　先生から「授業でなわとびが始まっても、休み時間に練習で頑張っている子どもたちに寄り添ったり応援することがなかなかできない」との言葉を受けて地域が動くことになりました。

　認定士の条件は、自分は跳べなくてもいい・手本を見せなくてもいい・100まで数えればいい・キラキラシールを貼れればいい、と実にハードルの低い

ボランティア活動と位置付けると、1か月でのべ150人を超えるたくさんの皆さんに協力していただけるようになりました。

　休み時間になるとなわとびチャレンジカードを持って大勢の子どもたちが中庭に練習に集まります。まずは練習を繰り返し、自信がもてたら認定士にカードを預け、テストを受けます。子どもも大人もワクワク・ドキドキ！　合格するとキラキラシールと「上手になったね」「頑張ったね」「さすが！」「おめでとう」の称賛の言葉と共感のハイタッチで互いに笑顔になる瞬間です。失敗しても、「もう一回がんばってごらん！」と励ましてくれます。

　見て応援してくれる大人がいることで子どもたちのやる気は高まり、何度も新しい技に挑戦し繰り返し練習を重ねます。そして技の習得と体力強化につながるのです。

　地域の方にとっても、学校を身近に感じ子どもたちの頑張りが実感でき、コミュニケーションを取ることで自分も元気になれるステージづくりになりました。学校で出会った大人とは、地域に戻ってもあいさつや会話が自然とできるのです。

　子どもたちの育ちを軸に据えながら、地域が繋がり教育の当事者意識をもち、行動を喚起していくことで大人同士のつながりや学びも深まり教育コミュニティーがつくられていきます。これからの教育は《何を学ぶかだけではなく、誰と学ぶか》が大切になると考えます。

ナナメの関係が、社会を変革していくと信じて〜災害支援とPTCNA〜

公益財団法人YMCAせとうち代表理事 **太田直宏**

「今だけ、金だけ、自分だけ」。毎日こんなお話ばかりが目につきます。いつの間にか私たちのクニは「あまりにも経済に偏重した」価値観が蔓延する社会となってしまったようです。しかしながら、このような状況は、日本を「よりよく、しかも持続可能足らしめる」とは到底思えません。だからこそ私たちは「未来を見据え、目に見えないものに目を注ぎ、他者とともに生きる人の育つ場」をPTCNA（家庭・学校・社会・NPO）で協働して創造しなければならないと感じています。キーワードは「ナナメの関係」です。

昨年の7月7日、岡山県倉敷市真備町では朝までに小田川と支流の高馬川などの堤防が決壊し、広範囲が冠水し、真備町だけで51人が死亡。浸水範囲は真備町の4分の1にあたる1200ヘクタールに及び、多くの住民が避難生活を余儀なくされました。この事柄は真備に暮らす人々、とりわけ子どもたちに大きなダメージを与えました。発災直後から多くのボランティアが、避難所となった学校に支援にかけつけました。現在文科省では、「社会全体で子どもを育て守るためには、親でも教師でもない第三者と子どもとの新しい関係＝『ナナメの関係』をつくることが大切である」と謳っています。これら支援者はまさにナナメの存在。「今だけ、金だけ、自分だけ」とは真反対の行動原理に突き動かされてやってきた存在は、様々な人々と協力しながら支援活動を展開し、受援者であった子どもたちの心に大きなインパクトを与えました。

しかし、時間が経過し、避難所が発展的に解消されていくなかで、多くの支援者は当然ながらそこを去っていくことになりました。ところが、目に見える街の復興は進みましたが、目に見えない子どもたちの心の問題はまだまだ山積していたのです。そこでYMCAせとうちは、2018年9月より、リフレッシュキャンプを2年間継続して実施する計画を立てました。それはYMCAに「ナナメの関係の存在＝大学生ボランティア」が多数在籍していることが主因です。被災生活で課題を抱えながら暮らし続けている子どもたちが、リーダーとの出会いで、そこから解放され、新たな価値に気づく機会となることを確信していたからです。

「子ども一人一人に本気で愛情をもって接してくれている姿に、いつも感謝と、感動しています。有難うございます。とても明るいリーダーたちの姿に安心しています。仕事柄、大学生と接することが多いのですが『本当に同じ大学生？』と驚きながら見ています。皆さんとの関わりを通じて、子どもたちが『リーダーのようになりたい』と思ってくれるといいな〜と願っています。」

キャンプ終了後、保護者の方からいただいた手紙の抜粋です。ここには、リーダーという「今だけ、金だけ、自分だけ」とは真逆の世界に生きている存在との出会いを通して、変革されつつあるご家庭の様子が如実に表れています。ひとりが変わることは、社会全体の変革に繋がっていくと信じて今後も協働の働きを継続していきたいと願っています。

誰にでも居場所がある学校と地域を育む

秋津コミュニティ顧問　**岸　裕司**

千葉県習志野市立秋津小学校のある新年度。ピカピカの1年生たちが心を弾ませて入学してきた。この子たちのうちの何人もが、放課後や休日に秋津コミュニティのサークル有志が催す「秋津・地域であそぼう！」に来始めた。英語や国語・書き方、算数に中学生の数学、民謡・手芸からおやじたちの工作などの多彩な教室を、多世代で楽しむ。モットーは、参加・不参加は自由。子どもであっても自主性が大切だからね。

5月の連休が明けたころ、新1年生の女の子のお母さんから私のワイフに電話があった。

「あのう、A子は、このところ学校に行ってないのです……」と不安げにお母さん。

「え、A子ちゃんは、お絵かき教室には来てますよ！」とワイフ。

ワイフは「『色・いろいろ』水彩画教室」を主宰する。A子ちゃんは、校舎1階のコミュニティルームで催すこの教室には休まずに来ている。

「そうなんです、お絵かき教室には『いきたい！』といって行くんです。でも校門はくぐれないようです……」とお母さん。

校門とコミュニティルーム入口への門は、10mほどの生け垣を挟んで横に並ぶ。でも校門は苦手のようである。

そこでワイフがお母さんの了解のもと、教頭さんに連絡した。教頭さんはすぐにA子ちゃんの担任や教師集団と対処し、ほどなくしてA子ちゃんは校門

をくぐれるようになり学校に復帰した。この間にワイフは、A子ちゃんのお母さんを孤独にしないように励まし続けた。ひとりで悩み夫に話していない様子だったから。話さないのは善意から。子どもや学校のことは妻のつとめであり、忙しい夫に心配をかけまいとの気遣いである。でも、お母さんだけが悩んで抱え込んでいると、子どもは自分が悪いのではないかと感じ、解決しにくくなる場合もあるようだ。それと、A子ちゃんは、校舎が嫌いではないことは、前向きなこととして理解しあった。コミュニティルームには、放課後とはいえ来ているのだから。そのうえで、「学校って楽しいことがいっぱいあるんだよ！」「A子ちゃんはお絵かきが上手だね！」といった投げかけを、大人たちがさりげなくしたことも良かったのだろう。

いっぽう、先生は忙しい。過労死寸前の先生もいると昨今報道されている。にもかかわらず、子どもに何かがあると先生を責める風潮が一般にあるように思う。そうなると、先生って生真面目なので、本音では違和感があっても自責の念から抱え込んでしまい、悪循環にますます落ち込みがち。先生にも寄り添う傍らの誰かが必要と思う。

精神的に不安定になっても寄り添い立ち直るエールをおくる誰かがいる学校と地域、誰にでも癒しが得られる居場所がある学校と地域を、みんなで育み合うことが大切だと思う。「今日の幸せ明日は不幸せ」は、誰にでもおこりうることなのだから。

毎年3万人以上のお客様にご愛用いただいています！

2020年版 地方公務員ダイアリー

※手帳サイズとカバーのお色味をお選びいただけます。

Standard シリーズ

愛用しているぎょうせいの
"いつものスケジュール手帳"を
使いたいあなたに！

定番のブラックは
2つのサイズをご用意！

1 A5判／ブラック
定価（本体1,100円＋税）

2 B5判／ブラック
定価（本体1,250円＋税）

Stylish シリーズ

数量限定　NEW　人気色

オシャレ好きのあなたには
周囲と差がつくシックな色味！

※ブラウンは B5判のみです。

ロゴが英語表記で
オシャレになりました！

3 A5判／ネイビー
定価（本体1,100円＋税）

4 B5判／ネイビー
定価（本体1,250円＋税）

5 B5判／チョコレートブラウン
定価（本体1,250円＋税）

2020 Diary for Local Officials
（ロゴ拡大イメージ）

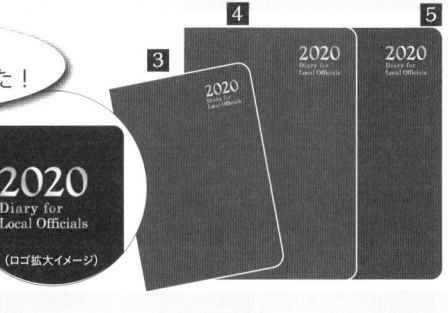

Premium シリーズ

数量限定　NEW

上品な光沢と色味の新素材
癒しのパールカラー！

手帳からエレガントに
明るいカラーが新登場！

※プレミアムシリーズは A5判のみです。

6 A5判／シェルピンク
定価（本体1,200円＋税）

7 A5判／ミントグリーン
定価（本体1,200円＋税）

2020 Diary for Local Officials
（ロゴ拡大イメージ）

色味など詳細は
こちらから！

※A5判・B5判ともに、B5判に収録されている付録を、WEB上で閲覧できる購入者特典が付いています。

A5判（小）

持ち歩きに便利な
ハンディサイズ

年間スケジュール

年間計画表　2020

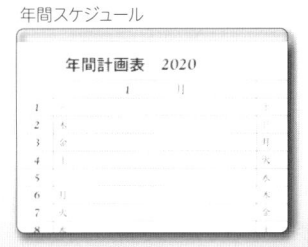

月間スケジュール (a)※

1 JANUARY

1 火
2 水
3 木

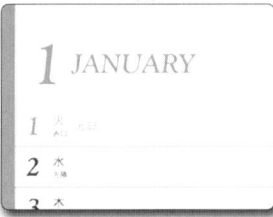

週間スケジュール

2月

10
11
12

内容見本
（一部拡大）

==付録==
・法令用語の使い方
・書簡用語例
・業務に役立つExcel関数
・家庭祝儀
・年齢早見表

B5判（大）

たっぷり書ける
ノートサイズ

年間スケジュール

年間計画表　2020

月間スケジュール (b)※

Monday　Tuesday

1
2020
January
月間計画表

6　　7

週間スケジュール

2 2020 February
10 Mon
11

内容見本
（一部拡大）

==付録==
・法令用語の使い方
・法令における
　漢字使用等について
・書簡用語例
・地方公共団体のしくみと数
・業務に役立つExcel関数
・家庭祝儀
・年齢早見表　他

※A5判（小）のStylishシリーズ、Premiumシリーズの月間スケジュールは（b）パターンです。

株式会社 ぎょうせい

〒136-8575 東京都江東区新木場1-18-11

フリーコール
TEL：0120-953-431 [平日9〜17時] **FAX：0120-953-495**
https://shop.gyosei.jp　ぎょうせいオンラインショップ　検索

学習目的の明確化

島根県立大学教授
高知県教育委員会事務局学力向上総括専門官
齊藤一弥

■summary■
子供が見方・考え方を働かせて学ぶためには、単元の学習目的を明確に捉え、学びのゴールおよび学習対象の価値の自覚化、見方・考え方を活かせる展開などの要件を満たした学習活動を用意する必要がある。

見方・考え方を働かせた学習活動の成立要件

前号では、見方・考え方を基軸に据えて単元枠を見直すことの重要性について確認した。「見方・考え方を働かせ」と各教科目標の柱書に示されていることの主旨は、学びの主体が子供であることを再確認するとともに、見方・考え方に着目して指導内容の連続性や関連性を意識したまとまりで単元枠をくくることによって、子供が学びを推し進めていくことを目指しているからである。

しかし、子供が見方・考え方を働かせて学ぶことは決して容易ではない。学習対象への着眼（見方）や教科らしく学習対象に関わっていくこと（考え方）は、単元に描かれる学習の目的、必然さや切実さに大きく影響される。子供が学習対象といかにかかわり、それにどの程度こだわり続けるかは、単元に対して子供がどのような関係にあるかによって大きく変わってしまうからである。言い換えると、子供が学習活動の目的を捉えた上で、学びのゴールを明確に意識しているか、学習対象が価値あるものとして自覚しているか、そして学び進むために必要な見方・考え方を活かすことができているかなどの要件を満たしていることが必要になる。単元を通して、子供が常になぜ、何を、そしてどのように学んでいくのかを意識し続けていくことが肝要になる。

読み手意識という学習目的
中学校国語科「ピクチャーガイドを書く」を通して

高知県四万十市立中村中学校の1年国語科の実践である。芸術の秋に合わせて有名な美術作品に触れる機会として開催される校内美術館の絵画の「ピクチャーガイドを書く」という言語活動を計画した（下図参照）。様々な観点から書いた複数のピクチャーガイドを参考にしながら、ガイドがある場合とない場合の違いを確認した上で、読み手や鑑賞目的を意識しながらピクチャーガイドを書くという展開である。

この言語活動のゴールは、作品のよさや特徴を多面的かつ多角的に分析し、それを校内美術館で作品を鑑賞する読み手にそれらが分かりやすく伝えるピクチャーガイドを書くことである。

■言語活動の概要

導入（取材・表現　2時間）
ピクチャーガイドのよさを感じ、どのようなピクチャーガイドにすればよいのかというイメージをつかむ。
対象となる絵画の特徴を捉え、既習事項を生かしながら相手に応じたピクチャーガイドを書く。

中盤（取材⇔表現⇔推敲　4時間）
作品の特徴や魅力となる観点を整理し、書き上げた文章を読み手の立場に立って読み返すことで自分たちのピクチャーガイドを修正する。

終末（共有　1時間）
読み手や目的を意識した表現かどうかを検討し、自分との違いから学んだ点を振り返る。

そのためには、絵画の説明文や絵画について書かれた資料を参考にしながら、「自分たちが書いたピクチャーガイドが作品の意味や魅力を的確に捉えているか」「作品のよさを読み手に確実に伝える文章になっているか」「豊かな表現で伝えられるように美術用語などを正確に用いることができているか」などと言葉や文章を精査したり解釈したりすることが欠かせない。また、生徒同士が互いのピクチャーガイドを読み合うことで、着眼点のよさや発想の仕方、さらには解釈の深さなど自分との違いからガイドを推敲し、読み手にとって価値ある質の高いものを追究していくことになる。

授業実践では、ピクチャーガイドを読む側になって、自分自身が感じている作品の意味や魅力を伝えるピクチャーガイドを書くという学習目的を明確にもち続けることによって、生徒らは言葉や文章の意味や関係性にこだわりながら言語活動を力強く推し進めていくことになった。

■ 現実問題の解決に数学を使うという学習目的
中学校数学科「一次関数」を通して

同じ中村中学校の2年数学科の実践である。「現実の問題を数学的に解決するにはどうすればよいのだろう？　〜日常や社会にある数量の関係を捉え、未知の数量を予測できないだろうか？〜」という関数領域を貫く問いを設定して課題解決に数学を活かすことを試みている（右上図参照）。

本単元の第3次においては「日常や社会の事象の問題を、一次関数を用いて解決できないだろうか？」という学習目的を明確にして、次のような数学的活動に取り組むこととした。

① ペットボトルの時間の経過と温度の関係に着目し冷たく保てる時間を予測する。
② 登山先の気温を、標高と気温の関係から予測する。
③ カーフェリーと高速船がすれ違う時刻を、時間と距離の関係から予測するとともに、解決結

■数学的活動の概要
第1次（9時間）
「やかんと電気ポットの水の温度の変化はどのようになっているのだろうか」
日常事象の中から一次関数になっている事象を見出し、表・グラフ・式で表現する。
第2次（3時間）
「xに値を代入するとyが求められるっていうことは二元一次方程式って関数なのか」
一次関数を二元一次方程式との関連について追究する。
第3次（5時間）
「日常や社会の事象の問題を一次関数を用いて解決できないか」
数量の関係を理想化したり単純化したりすることで一次関数としてみなし未知の状況を予測したり、解決結果を批判的に検討したりする。

果を事象に戻して解釈したり改善したりする。
④ 2040年の本県の気温を、年と気温の関係から予測する。
⑤ 2040年の四万十市の子供の人数を、年と人数の関係から予測し、その結果や過程を振り返ったり評価・改善したりする。

2040年の気温を予測する課題（4時間目）では、2つの数量の関係は一次関数とみなすことはかなり難しかった。しかし、これまでに学習してきた方法知を活かしたり数学的な見方・考え方を働かせたりしたことで、何とか一次関数とみなして予測値に多少の幅は生じたものの問題解決につなげることができた。

ここで数学を用いることで将来の気温を予測するという知見を得ることができたのは、関数領域を貫く問いが生徒の学習目的となり問い続けて止まない態度を支えていったことが大きな要因であろう。見方・考え方を働かせた数学的活動を繰り返し続けていくことが、生徒に学びを粘り強く追究していく姿勢をも育てていくことになった。

Profile

さいとう・かずや　横浜国立大学大学院修了。横浜市教育委員会首席指導主事、指導部指導主事室長、横浜市立小学校長を経て、29年度より高知県教育委員会事務局学力向上総括専門官、30年10月より現職。文部科学省中央教育審議会教育課程部会算数・数学ワーキンググループ委員。近著に『新教育課程を活かす能力ベイスの授業づくり』。

「学習を調節する能力」を見取り評価するための授業

● POINT ●

予測（anticipation）―実践（action）―振り返り（reflection）という学習サイクルが重要。特に、「知ることについて知る」といった意味のメタ認知（meta-cognition）を汎用的なスキルとして教科を横断して育む授業を実践しよう。

●見取り評価に値する授業こそ、まずは先

　宮崎市定『科挙』、浅田次郎『蒼穹の昴』。わたくしの最愛の書である。かつて、中国・上海にある華東師範大学の杜成憲学部長と一緒に嘉定孔廟にある上海中国科挙博物館を見学した。科挙は、身分制社会を否定し文人政治を確立したが、その後、本来の人物養成・育成という目的が失われ、選抜試験そのための努力過程ではなく結果のみが特徴的に焦点化された。

　評価や試験は、授業や実践の前になく、また目的とされるべきものではない。評価は重要であるが、授業や実践の後に、評価や試験は行われるべきものである。

　さて、学校教育法第30条第2項を法的根拠として、生涯にわたり学習する基盤が培われるように、基礎的な知識及び技能を習得させるとともに、これらを活用して課題を解決するために必要な思考力・判断力・表現力その他の能力をはぐくみ、主体的に学習に取り組む態度を養うことに、特に意を用いなければならないことが、今後の能力形成の主眼である。そのため、学習指導要領では、各教科等の目標が資質・能力の三つの柱で再整理された。

　評価観点の「主体的に学習に取り組む態度」は、これまでの「関心・意欲・態度」が単に語句が置き換わったと理解してはならないであろう。すなわち、「主体的に学習に取り組む態度」の背景は、これまでの「関心・意欲・態度」の反省があるからである。それは、「関心・意欲・態度」の評価が本来の趣旨とは異なり表面的な評価が行われていると指摘され、具体的には正しいノートの取り方や挙手の回数で評価するなどの表面的な評価の反省である。しかし、筆者は、「関心・意欲・態度」の評価をそのようにしたとすれば、そのように見取り評価せざるを得ない授業が先にあったのではないかという立場である。

　そのような授業を変革するには、以下が参考になろう。かつて、OECD教育局局長であるアンドレアス・シュライヒャー氏は、2015年12月の第18回OECD/Japanセミナーで「2030年の社会を生きていくために必要な力」を示した。それは、様々な教科や領域・分野における「知識」とそれを仕事や生活の場面で「実践的に利用する力（技能）」〈Disciplinary/practical use (e.g. relevance to application in work and life)〉、これらの知識・技能を発展的に生かすための「応用力」や創造性や論理的思考力などの「活用力」〈Cognitive (e.g. creativity, critical thinking)〉、価値観を根底に態度や資質及び感情などから構成される「人格」や「人間性」〈Emotional (e.g. beauty)〉と、OECDのラーニングコンパス2030（OECD 2018）である。ラーニングコンパス2030は、

関西学院大学教授 **佐藤 真**

さとう・しん 1962年、秋田県生まれ。東北大学大学院博士後期課程単位取得退学。兵庫教育大学大学院教授、放送大学大学院客員教授などを経て、現職。中央教育審議会専門委員、中央教育審議会「児童生徒の学習評価に関するワーキンググループ」委員、文部科学省「学習指導要領等の改善に係る検討に必要な専門的作業等」協力者、文部科学省「教育研究開発企画評価会議」委員、文部科学省「道徳教育に係る学習評価の在り方に関する専門家会議」委員、国立教育政策研究所「総合的な学習の時間における評価方法等の工夫改善に関する調査研究」協力者、独立行政法人大学入試センター「全国大学入学者選抜研究連絡協議会企画委員会」委員などを務める。

2030年をゴールとして個人的かつ社会的にウェルビーイング（Well-Being 2030）な状態（心身ともに健全な状態）を実現することを目標として示された学習モデルである。これは、コンピテンシー（Competencies）として、知識（Knowledge）、技能（Skills）、態度・価値（Attitudes and Values）をあげた上で、技能にメタ認知的スキル（meta-cognitive skills）を含めている。そして、学習サイクルとしてのコンパスに、新しい価値の創造、責任、緊張やジレンマも示されているが、予測（anticipation）―実践（action）―振り返り（reflection）という学習サイクルを示しているのである。

これを参考にすれば、「関心・意欲・態度」を表面的また形式的に評価するのではなく、今後の「主体的に学習に取り組む態度」を見取り評価するためには、予測（anticipation）―実践（action）―振り返り（reflection）という学習サイクルが重要であるといえよう。特に、メタ認知（meta-cognition）は、認知についての認知であり、知ることについて知るといった意味で、教科等を横断する汎用的なスキル（コンピテンシー）等に関わるものとして重要である。

●認知スキルと非認知スキルのバランスの取れた形成を

ただし、OECD（Organization for Economic Co-operation and Development）は経済協力開発機構という北米等の先進国が主であり、今日の児童生徒が現代の社会において成功した人生を歩むためには、何が必要であるのかを言っている。

そして、それが現在的には、認知的スキルと非認知能力としての社会情動的スキルとのバランスのとれた形成ということなのである。すなわち、認知的スキルは、個人として教育や労働市場で成功し成果を収める結果に影響する可能性が高いことがわかったということであり、また、健康や社会的・政治的参加、そして信頼といったより広義の意味で、児童生徒の将来も予測するものであるとしているのである。一方、非認知能力としての社会情動的スキルというべき忍耐力や社交性、自尊心などは、健康面での成果、生活満足度や主観的ウェルビーイングの向上、問題行動を起こす可能性の減少などという多くの社会進歩の成果に影響を及ぼすことがわかったというのである。このようなOECDの研究成果は、人生の成功に結び付く非認知的スキルあるいは社会情動的スキルを特定し、そうしたスキルを育成するための方策を整理した上で、幼児期からその後の人生において相互に作用し高め合い、児童生徒に成功をもたらすものとして、いま注視されているのである。

児童生徒に「主体的に学習に取り組む態度」を育成するためには、メタ認知を重視し、事前の見通しからメタ認知を伴う実践へ、そして事後の振り返りという学習サイクルによって、児童生徒の学びが進められることがまずは肝要であろう。

[参考文献]
• 宮崎市定著『科挙』中公新書、1963年
• 浅田次郎著『蒼穹の昴』講談社文庫、2004年
• 経済協力開発機構（OECD）編著、ベネッセ教育総合研究所企画・作成、無藤隆・秋田喜代美完訳『社会情動的スキル ―学びに向かう力』明石書店 、2018年

道徳教育を核とした
カリキュラム・マネジメントと授業

ラグビーワールドカップ、日本チームの躍進に学ぶ

「勝つこと」が当たり前になってしまっていたのか。決勝リーグでの南アフリカ戦敗退に落ち込んだ方は少なくないのではないだろうか。結局、ベスト4に進んだのは日本を除き、予選リーグ1位通過のチームである。如何にラグビーは実力社会であるかを思い知らされた。ランキング下位のチームが上位のチームから勝利を収めることは至難の業であるか。その中にあって、予選リーグを1位で勝ち上がった日本チームに改めて賞賛を送りたい。

ご多分に漏れず、私も「にわかファン」になった。日本の試合は万難を排してリアルタイムで見ることはもちろんのこと、日本チームの特集番組はできるかぎりチェックし、また関連雑誌や関連書籍に目を通した。「奇跡」ではなく勝つべくして勝った「軌跡」を数多く確認することができた。前任のエディー・ジョーンズHCが培ったフィジカル強化と基礎基本の徹底を基盤に、現ジェイミー・ジョセフHCが主体的・対話的な手法を導入した。リーチ・マイケル主将を含めて10人の「リーダーグループ」を中心に選手全員が主体的に練習に取り組んでいる。

谷口（2019）は「映像を確認してミーティングを重ね、翌日の練習でのチェックポイントを挙げる。改善点を互いに指摘し合って洗い出すのが日常となり、日々具体的な目標を掲げることで、質を向上させやすくなり、理解度も深まった。選手のコミュニケーション能力も高まり、試合中の密な意思疎通と連携プレーにつながっている」[1]と分析している。き

め細かいPDCAサイクルが選手同士の主体的・対話的で深い学びを通して回っている。

調理実習の授業でご相伴にあずかる

南アフリカ戦の夜、私は石川県の能登半島の珠洲市の体験交流施設「ラブロ恋路」にいた。翌日の珠洲市立直小学校（塩井満枝校長）の「人と地域を生かした道徳教育講座」公開発表会に赴くためである。私は断らない県が3つある。高知県と広島県と石川県である。高知県は尊敬する坂本龍馬生誕の地だからというのは表向きで、食べ物が美味しくて「黒潮カントリークラブ」があるからである。広島県はかつて金本と新井をタイガースにいただいたからである。そして、石川県は私がこの研究者の世界に足を踏み入れるきっかけになった場所だからである。

発表会は午後からなので当日朝は温泉に浸かりゆっくりしようと目論んでいたが、前日に興味深い

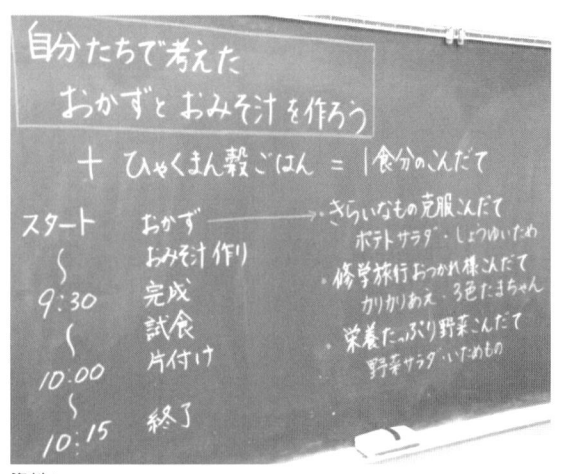

資料1

村川雅弘
甲南女子大学教授

話を聞いてしまった。6年家庭科の調理実習で「みんなが苦手な素材で工夫して調理する」という。板書（**資料1**）の「きらいなもの克服こんだて」である。時折、食育で講演することがある私が見過ごすわけがない。当初の予定よりも2時間早く学校を訪問することとなった。

6年家庭科の授業は実に興味深いものであった。クラス全員の苦手なものを聞き、それを材料に1チームが果敢に挑戦している。試食で、私は味噌汁3種（生粋の関西人として納豆は苦手の方だが、納豆入りの味噌汁は美味であった）とおかず6種をいただくことになった（**資料2**）。各々は工夫され味も概ね薄味で美味しかった。特に、「きらいなもの克服こんだて」のポテトサラダには（誰かが嫌いな）チーズがたっぷりと入っており、それがモチもち感を引き出していた。大変だったのは試食の約1時間半後の給食である。カレーライスに奮闘努力の末、残菜を生み出してしまった（ここは、食育の講演では割愛しよう）。

発表会当日に調理実習を入れるのは通常考えられない。授業者の小町教諭によると「不登校傾向にあるA児は調理が大好き。公開授業にきてほしかった」

資料2

と述べている。確かに、自班はもとより他班にも出張るほどリーダーシップを発揮していたのはA児だった。包丁さばきも堂に入っていた。

ゲストティーチャーとの掛け合い漫才を堪能する

公開発表会では、特別支援学級を含む7つの道徳授業が行われた。低・中・高と複数の教室を参観予定であったが、6年の教室に足止めを食らった。授業展開に加え、学級担任とゲストティーチャーのやりとりが実に愉快であった。

導入で「日本のよさ」について考えさせた。児童は伝統や歴史、珠洲焼や輪島塗、金箔など金沢での修学旅行の経験が生きている。次に、教材「新しい日本に〜龍馬の心」（東京書籍）を用い、列強から国を守るために奔走した龍馬の思いを捉えさせた。資料の途中までは社会科「明治の新しい国づくり」で扱い、本時では後半を活用した。テンポよく児童の考えを引き出す。8名が発表した。「このままでは日本は外国の言いなりになってしまう。誰も変えようとしないのなら自分が変えるしかない」「下級の武士でも行動が起こせる」「多くの仲間が死んでいった。ここであきらめたらいままでの努力が水の泡になってしまう。今度はだれも死なせたくない」など、短時間での扱いであったが、各々が自分の言葉で龍馬の思いを深く捉えていた。

何と贅沢なことに龍馬が導入に、料理に喩えると「前菜」扱いである。「今日はゲストティーチャーとして坂本龍馬さんを呼べたらよかったんですが、それは無理だったので坂本龍馬さんのような人をお呼びしました」と紹介された「メインディッシュ」は珠洲焼を営むK氏である（**資料3**）。かつて栄えていた珠洲焼が400年前に途絶えた。そして40年前に復

資料3

活させたうちの一人がK氏である。

　K氏は語り始めた。小町先生との馴れ初め。伝統と伝承の違い。世に伝えるのは伝統、伝わったものをそのままやるのは伝統ではない。新しい良いことをプラスして伝えていくことが伝統。平安末期から鎌倉・室町時代にかけては庶民の日常器として使われていたが、40年前には作品として復活した。作品ではなく商品としてでなければならない。他の焼き物との違い。焼き物の製法。土と炎との関係。成分と色との関係。400年前に廃れた理由。昔はパトロンが援助していたが戦国時代にその勢力が弱まった。本来は黒いが内側を白くすることでコーヒーやワインにも使えるように工夫した。作品と商品の違い（サンプルに触れさせて考え発表させる）など。子どもとやりとりしながら珠洲焼がさらに継続・発展していくための思いを述べた。たぶん依頼していた時間をかなりオーバーしているのだろう。小町先生がやきもきしている姿が見て取れる。時折K氏の話を止めようと試みるが、子どもたち以外に他校から多くの教師が参観にきていることも刺激になったのか、K氏の勢いは止まらない。K氏に声をかけたり、資料を出してきて補足をしたり、児童に発問したりし

ながら小町先生は流れを引き戻そうとする。その努力が実り始めたのか、16、17分後にようやく主導権を取り戻した。それでも「実は〜」「続きがあって……」と話し始めようとするK氏を再び抑え込む。そのやり取りを楽しそうに見守る子どもたち。授業の後半は、掛け合いの夫婦漫才を見ているようであった。

　「Kさんを坂本龍馬のような方だと紹介しました。なぜ」との発問に、すぐに男児が反応した。「珠洲焼の昔ながらの作り方を、新しい、今に合うように変えている」と。授業最後の発問は「日本のよさを守っていくにはどうしていったらいいだろうか」である。子どもたちはノートに書き始めた。K氏は「書きながらでいいから聞いて」と再び熱く語り始める。元々は市の職員であったこと、トンボの絵を付けているのは前にだけ進もうとする生き方を表していること、を語る。児童の多くは書きつつもK氏の言葉に聞き入ろうとする。龍馬とK氏からの学びのまとめを3人が発表した。一つ紹介する。「昔していたことも取り入れながら新しいものを入れて、また新しい伝統ができる」この児童には龍馬よりK氏の生き方が印象深かったようだ。かくしてようやく激動の授業は幕を閉じた。

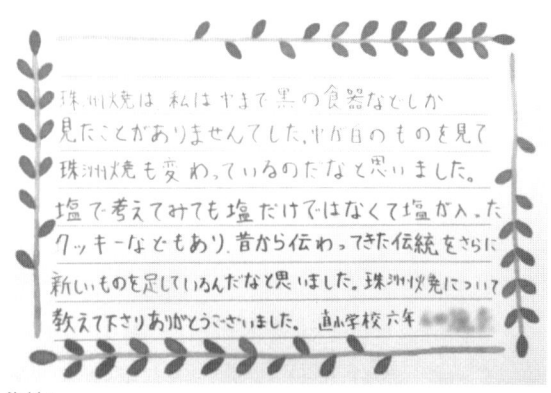

資料4

●Profile
むらかわ・まさひろ　鳴門教育大学大学院教授を経て、2017年4月より甲南女子大学教授。中央教育審議会中学校部会及び生活総合部会委員。著書は、『「カリマネ」で学校はここまで変わる！』（ぎょうせい）、『ワークショップ型教員研修 はじめの一歩』（教育開発研究所）など。

授業後、子どもたちはK氏にお礼の手紙を書いた。そのうちの一つが**資料4**である。K氏の思いが的確に伝わっているだけでなく、塩田に関する前の学習とも関連付けている。別の児童は「昔ながらの珠洲焼は、今の時代ではあつかいづらいものが多いので、今の時代にあうものを作るというのは納得しました」と書いている。

道徳教育を中核に据えたカリキュラム・マネジメント

当日の7つの授業の全てにおいて他の教科等との関連が図られていた。本時はもとより、重点内容項目に関しては「単元配列表（カリキュラムデザインシート）」に年間を通しての各教科等との関連が示されている。また、母親（1年「いのちってすごい」）、高校3年生（3年「もくひょうに向かって」）、婦人会会長（4年「感謝する心」）、陶芸家（6年「日本人として」）、1年次担任教師（特別支援「親切の大切さ」）など、5つの教室に校内外のゲストティーチャーが活躍し、残りの授業でも多様な人とのかかわりの様子を提示している。指導にあたっては、どの学級も「ペア・グループにおける展開の工夫」「発問の工夫」「展開の工夫―多様な考え方・感じ方に出会う場の設定」を意識し計画・実施している。年間を通して各授業後に、児童の振り返りを見取り個々の成長を把握するとともに、授業評価を行って次時に生かしている。きめの細かいPDCAサイクルを回している。日々の授業の見直し・改善が年間を通してのカリキュラムの見直し・改善に繋がっていくわけである。

学年を越えて一糸乱れぬ展開を可能にしているものの一つがカリキュラムマネジメント・モデル図（**資料5**）である。筑波の研修センターで私の講義を聴いた小町教諭がたたき台を作成し、それを教職員で見直し・改善ワークショップを行い、共有化を図った。完成度はかなり高い。『理論と事例で導くカリキュラム・マネジメント実現の戦略』（仮称、ぎょうせい、令和2年3月刊行予定）で田村知子・大阪教育大学教授の章の中で掲載される。モデル開発者の御用達となる。直小の取組は、道徳教育のカリキュラム・マネジメントのモデルとなっていくことだろう。

資料5

［参考文献］
1　谷口拓未「SHIZUOKAの衝撃 ジャパンはなぜ強くなったのか」『RUGBY　激闘の記録』毎日新聞出版、2019年、pp.62-65

カウンセリング感覚で高める教師力

子供の自尊感情（Self-esteem）

 ## ある授業場面

> 「この問題の式と答えを考えましょう」と先生が発問します。子供たちはノートに式や考えを書きはじめます。
> しばらくして、A君が「先生、わからない」とゆっくりと挙手しています。それに気付いた先生はA君のそばに来て、「どこが？」と……。
> A君は「うん……」と言ったまま、鉛筆をなめています。「きのう勉強したことを思い出して……」という先生のアドバイスのあと、A君はやや憂鬱な顔になっています。それ以上考えようとしません。
> 先生はA君のその状況を気にしつつ、振り返りながら教壇にもどります。「じゃ、できた人」と言い、式と答えを求めます。「Bさん、どうぞ……。そうですね、Bさんの式と答えでいいですね」と指導し、次の問題の説明に進んでいきます。A君は黒板に書かれたBさんの式を書き写すこともしません。

　A君がBさんの式を書き写すこともしなかったことが気がかりです。そこにはA君なりの割り切れない思いがあるのでしょう。

　もし、A君が挙手したとき、先生が「うーん、わからない……それで手を挙げたのね」と語りかけていたらどうでしょう。この問いかけから、「そうなんです。この問題のここがわからないのです」「何かヒントが欲しいです」「やっぱり、わからない……」など、A君も自らの考えやわからないとする気持ちを具体的に発することでしょう。そして、やる気のなさを取り直して、式を書き写したでしょう。

　この動向に先生のカウンセリング感覚のある援助が必要であり、A君のSelf-esteemを引き出すチャンスが潜んでいると思います。それは、「自分にもできる」「よし、やってみよう」とする自覚や態度そして行動をくすぐる場面でしょう。A君自身がそのと

きの不一致な心情（できないのでは？）に、自ら一致できるようにかかわることでしょう。

 ## その意味

　互いの立場やそこでの状況にコミットすると、双方の〈かかわり〉によりよい変化が起きます。そこには、先生のカウンセリング感覚と子供個々が抱いている自尊感情の二つがエキスになっています。

　自尊感情は、自らを肯定的に評価する気持ちや感情のことです[1]。教育の場では「自己肯定感」とも言います。この感覚をより高くもてる人は、自分のよい面もよくない面も素直に受け入れ、〈こんな自分でよい（good enough）〉と平常心のまま自分のよさを感得します。これが低くなると、「自分はダメな人間だ」などと自己を過小評価してしまいがちです。ですからvery goodである必要はないのです。

　ロジャースはこのような感覚について、「肯定的な配慮（positive regard）」という言葉を用いて「もし私が他人の自己経験を知覚することが、私の経験の場にポジティヴな変化を生ずるならば、私はその人に肯定的な配慮を経験していると言える」と説明しています[2]。〈相手のよさをわかろうとすると、自分にもよりよい変化が生じる。そうすると相手のよさを感じ、その人に共感できる〉ということです。

　そしてまた彼はこのような配慮について、温かさ（warmth）や好きなること（liking）、尊敬（respect）、同情（sympathy）、受容（acceptance）などの態度を重視します。「私は自分のことが好きだ」「オレってなかなかいい感じ……」「走るのは得意ではないが

東京聖栄大学教授
有村久春

ありむら・ひさはる　東京都公立学校教員、東京都教育委員会勤務を経て、平成10年昭和女子大学教授。その後岐阜大学教授、帝京科学大学教授を経て平成26年より現職。専門は教育学、カウンセリング研究、生徒指導論。日本特別活動学会常任理事。著書に『改訂三版 キーワードで学ぶ 特別活動 生徒指導・教育相談』『カウンセリング感覚のある学級経営ハンドブック』など。

リレーでは自分なりに頑張れると思う……」などの感じ方や態度のことでしょう。

その4タイプ

　まず、下図の第1象限にある「ぶれない」自尊感情です。いわゆる〈しっかりした子〉です。自分のことも他者のことも理解している状況です。自分への肯定度も高く、他とのかかわりが安定しています。ここにある子供の学級生活は充実し、集団活動や学習活動が十分に展開されます。子供自身も人間的な成長を感得し、自らの個性や能力をためらいなく発揮します。級友からも信頼される自己を形成しています。ただ、「よい子」過ぎると疲れることもあります。

　次に、第2象限の「のりやすい」の位置では自尊感情の肥大化がみられます。ややもするとわがままや他をかえりみない状況が生じます。いわゆる〈自分さえよければ〉とする発想に駆られた学校生活を過ごすことがあります。また、ここでは一見しっかりした自己もみられます。しかし、その内面は不安

であることが少なくありません。知的でしかも生産的な学習や体験に偏った自己理解になってしまうことがあります。それゆえ、独りよがりになったり孤立したりもします。

　第3象限では、自尊感情の肯定度が低く、生活も不安定です。自信を失っています。子供自身も自己嫌悪に陥ったり他者批判を繰り返したりします。自らを活かしきれずにイライラした状況にあり、学習や学級での活動成果もプラスに表出しません。そのズレが大きければ大きいほど自尊感情がマイナスに表出し、自他のかかわりも破滅的・暴力的になることもあります。自分や社会にもあまり適応できずに生産的な営みもみられません。

　第4象限では、自分の感情を抑制し、安心感や無難さを優先しがちです。相手や社会に気遣いする心性がみられます。友人のために尽くそうとし過ぎて、自らの主張や表現を差し控える言動がみられます。いわゆる「外面がよくて自分が疲れる」状況です。相手に気遣いまた他者の評価を気にして〈こころ疲れ〉がする状態です。日常の言動にも「ごめんなさい」「お願いします」など、他者志向性による振る舞いが多くなります。教室での学習や体験活動でも生産性に乏しく、自分なりに尽くしたつもりでも他者からの理解や評価がそれほど高くなりません。

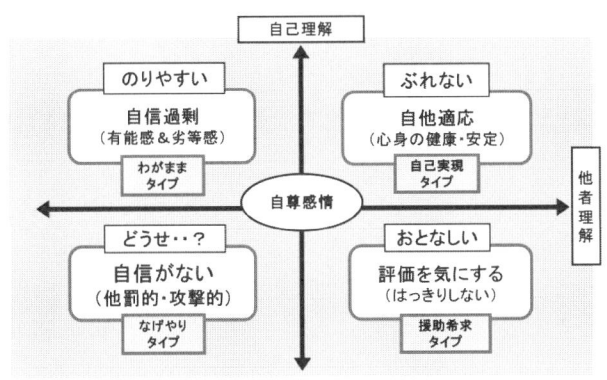

図　自尊感情の4タイプ（有村作成）

［注］
1　國分康孝監修『カウンセリング心理学事典』誠信書房、2008年、p131を参照
2　カール・ロジャーズ著、伊東博訳『パースナリティ理論』（『ロジャーズ全集』第8巻）岩崎学術出版社、1967年、p202

■12月の学級づくり・学級経営のポイント

「子どもの思いを受け止めること」を大事にしよう！

もう2学期も終わりですね。早いものです。師走と言われるように、教師の一番忙しい時期とも重なります。テストの丸付けをしたり、見ていない作文を読んだり、成績付けをしたりと、やることが満載です。子どものトラブルも増えますし、子ども自身も忙しくなります。

忙しいの「忙」は、「心をなくす」と書きます。心をなくしていませんか？　子どものささいな声に耳を傾けていますか。3学期をよりよく迎えるためにも、「先生へのお願い」などを書かせるといいと思うのです。

そうすると、「もっと遊んでほしい」とか「○○ちゃんとケンカしたけど、仲直りしたい」などと書いてきます。

でも一番多いのは、「先生にもっと笑ってほしい」ではないでしょうか。子どもにとって、先生の笑顔は、子どもの意欲の源ですし、カンフル剤のようなものです。

子どもの思いを受け止め、一緒にレクをしたり、「ワーワー」と笑い合ったりしてみましょう。ここに紹介したような、高学年の子どもには、「何、ばかばかしいことして！」なんて言われそうですが、そこでめげないことです。

「ノリツッコミ」が出てくる学級には、笑いと余裕があります。また、笑いと余裕があるから、「ノリツッコミ」をするし、ばかばかしいことを平気で言い合えるのです。

何度も繰り返しているうちに、必ず「クスッ」を笑ってくれる瞬間が来るものです。そうすると、子どもがますます愛おしくなります。そんな年度末を作っていきましょう。

子どもへの愛情は、自然にわきでてくるものではありません。たえず、子どもへの新しい愛を創造していくことが、大切なのです。

笑いのある年末を迎える努力をしてみましょうよ……ね。

白梅学園大学教授
増田修治

ますだ・しゅうじ　1980年埼玉大学教育学部卒。子育てや教育にもっとユーモアを！と提唱し、小学校でユーモア詩の実践にチャレンジ。メディアからも注目され、『徹子の部屋』にも出演。著書に『話を聞いてよ。お父さん！比べないでね、お母さん！』『笑って伸ばす子どもの力』（主婦の友社）、『ユーモアいっぱい！小学生の笑える話』（PHP研究所）、『子どもが伸びる！親のユーモア練習帳』（新紀元社）、『「ホンネ」が響き合う教室』（ミネルヴァ書房）他多数。

■今月の「ユーモア詩」

理科の勉強

中村　奈津美（4年）

今日の理科の勉強で、
固体・液体・気体を中心にしてやった。
先生が説明する時、
「固体から液体、
液体から気体、
気体から変態…って
バカ言ってんじゃねえよ！」
と自分で言って
自分でつっこみをしていた。
そしたら俊也が
「変態は先生だよー。」
と言った。
そしたら、
「俊也ー」。
チンチンひっぱられたいのかー？」
と言った。
そしたら容司郎が
「そういうのを
変態って言うんじゃないですか？」
と質問をした。

そしたら先生が、
「あっ、そうか！！」
と言った。
私は固体・液体・気体のほかに
変なものまで学んでしまった。

■「ノリツッコミ」が、子どもを救う

いかがですか。私と子どもたちの日々のすっごく上品な会話の様子がわかってもらえたのではないでしょうか。こんな上品な会話も時にはいいのではないでしょうか。

「気体から変態…ってバカ言ってんじゃねえよ！」と私が「ノリツッコミ」をして見せたら、子どもがツッコミを入れるという阿吽の呼吸。「そこで、そうツッコミを入れるか！」と思わず驚いてしまいました。それだけではありません。そのやり取りを見ていた奈津美が「変なものまで学んでしまった」とまとめるのですから、たいしたものです。

子どもは、大人のことをよく見ているものです。子どもだからと、侮ってはいけません。しかも、ユーモアをさりげなく散りばめるのですから、見事というほかありません。

こんな「ノリツッコミ」がやり取りされると、学級というのは教師にとっても子どもにとっても、居心地が良くなっていきます。それは子どもは日々、ばかばかしいことを考えているものです。それなのに、心の中の思いを話したりすると、「なに、ばかなことを考えているの！」と叱責されるのです。これでは、自分の思いを言いたくても言えなくなります。

人間性にまつわる煩悩（1）
この子のために

「この子のために」というのは多くの支援者が思うことであり、そのために様々な困った局面に対し、立ち往生してしまったり、支援対象者を攻撃してしまうこともあるということは、この連載の中で、たびたび指摘してきました。今回からは、人間性を切り口に、支援者のための「困っている」ことへの"取扱い説明書"をお話ししてみたいと思います。

困りの主体

人間性というものは、当然に万人に必要なものですが、支援の場で論じるときには、まず、支援者の人間性というものを考えなくてはなりません。「困っている」ことの多くは、支援対象者が困っているのではなく、実は支援者が困っているということが多いのです。同様に、「この子のために」と思ったときに、支援対象者の人間性を考えがちですが、実は、支援者のそれを大切に考えて、私たちのお相手に適切な支援を講じていかなければならないわけです。

必要性と必然性

私たちは褒めて子どもを育てるという煩悩を受けやすいものです。褒めるということは絶対的に悪いことではないし、褒めることによって動機づけが高まることがあるので、その必要性からも褒めたいと思うわけです。ところが、実際に問題現場で出会う人たちというのは、褒めたくても褒めるところがないとおっしゃる先生が多いのです。そこで、とにかく褒めたい、褒めなければいけないという煩悩にと

らわれて、無理に褒めてしまうことになります。つまり、必要性にかられて褒めるという行動を起こすわけです。これは、支援者の人間性のなせるワザと言えます。ときに、他の子だったら褒めないようなことでも褒めてしまいます。例えば、授業中おしゃべりせずに机で勉強している子に、特別に褒めることなどはありません。誰も褒められないことに対して、「今日はおしゃべりしてないね。何かいいことあった？」などと言うのは、わざわざ特別な事情をつくって褒めることになります。他のみんなが褒められないことで褒められたり持ち上げられたりすると、その子は、自分がばかにされていると思ってしまうことがあるのです。

褒めるということは絶対間違ったやり方ではありませんが、相手によっては、褒めることが罪作りになることがあるので気を付けなければなりません。

そこで、むやみに褒める代わりに、何か簡単な用事を言いつけてみます（連載第2回参照）。

言いつけられたことができたら、すぐに褒めます。やった結果と褒められることが結び付いているわけですから、そこに褒められる必然性があります。つまり、支援者の人間性からくる必要性によって褒めるのではなく、支援対象者が納得できるような状況から、必然性として褒めるということが大事なのです。

ユニバーサルデザイン

また、これも一つの煩悩と言えますが、子どもの困った状態を見て「（困った状況の原因は）発達障害

おぐり・まさゆき　岐阜県多治見市出身。法務省の心理学の専門家（法務技官）として各地の矯正施設に勤務。宮川医療少年院長を経て退官。三重県教育委員会発達障がい支援員スーパーバイザー、同四日市市教育委員会スーパーバイザー。（一社）日本LD学会名誉会員。専門は犯罪心理学、思春期から青年期の逸脱行動への対応。主著に『発達障害児の思春期と二次障害予防のシナリオ』『ファンタジーマネジメント』（ぎょうせい）、『思春期・青年期トラブル対応ワークブック』（金剛出版）など。

小栗正幸
特別支援教育ネット代表

が先でしょうか、家庭環境が先でしょうか」と相談に来られる支援者の方々がいらっしゃいます。医者であれば診断しなければいけないので、発達障害のあるなしは極めて重要ですが、私たちにとっては、診断よりも、目の前の状態に対応することが大事です。ですから、極端に言えば、発達障害かどうかはあまり問題ではなく、発達障害のある人にもない人にも優しく響くやり方で対応することが求められるということです。それがユニバーサルデザインの発想です。

ユニバーサルデザインには、
①誰に対しても公平に利用できる
②どんな場面でも自由に使える
③使い方は簡単ですぐ分かる
④必要な情報がすぐ分かる
⑤操作ミスや危険につながらない
⑥誰でも楽な姿勢で取り組める
⑦使いやすい空間が確保されている
といった考えがあります。

例えば、必然性による支援ということからすると、そこにゴミが落ちている（情報が分かる）、ゴミを拾うことを言いつける（誰に対しても、どんな場面でも使える）、ゴミを拾う（簡単で操作ミスや危険がない、楽な姿勢で取り組める）、カウンセリングルームなど特別な場所である必要がない（使いやすい空間）、褒める（必然性がある）といったように、ユニバーサルデザインの考えを生かした支援を行うことによって、支援者は自身の人間性からくる煩悩に悩まされることなく、支援対象者にヒットする支援が可能になっていくわけです。

個別指導と集団指導

私たちは、必要があると思って個別支援を行ってきました。たしかに個別支援が必要な領域はありますが、それは極めて限定されており、多くの場面で個別支援は支援対象者のニーズを満たしていないのではないか、つまり、無批判に個別対応に頼ってきたことについての問題提起が、今まであまりに見落とされてきたのではないかと思っています。

例えば、子どものトラブルは対人関係の中で起こる「もめごと」が多く、それは集団の中で起こるものです。集団場面で起こるトラブルに対して、個別に対応できるのはせいぜい「熱を冷ます」ことぐらいしかありません。それを続ければ、支援対象者はさらに集団から遠ざかり、支援者は集団に戻したときに新たなトラブルに対応しなければなりません。支援対象者の方は、ますます困った状況に置かれていき、「あなたのためにやっているのだ」と言われても納得するどころか反発を招きかねません。ですから、個別指導は、支援者と支援対象者との信頼関係をつくるのに効いてもトラブルの対応には期待できません。支援者が人間性を発揮して「あなたのためにやっている」と思っても、それが裏目に出ることがあることを知っておいていただきたいのです。

もちろん、個別指導は否定しません。個別学習や個別のカウンセリングなどは必要に応じて実施すべきと思っています。ただ、ユニバーサルデザインの視点から支援を考えるならば、支援対象者を含めた集団に対するアプローチが必要であることを押さえておきたいと思います。　　　　（談）

学校・地域・施設の三者協働による教育活動
第2学年　生活科「仙臺荒町名物　回文団扇復活」の実践

●step8

「回文団扇」を復活させ、100年後もこの町が賑わうよう、次の世代を生きる子どもたちへつなぐために立ち上がった学校・地域・施設三者の協働プロジェクト。子どもたちは「回文団扇」づくりを通して地域への愛着をもつことができた。

若い世代へつなぐ「荒町プロジェクト」

宮城県仙台市若林区荒町。藩祖伊達政宗公の仙台開府以来、御譜代町の一つとされ藩政期には麹の製造が特別に許可された町である。麹が作れない夏に内職の渋団扇づくりが行われていた史実が残されており、その団扇を荒町の宝として再び復活させようと商店街の人たちの情熱と想いで生まれたのが「回文団扇」である。

2018年に、400年以上の歴史があるこの町を、この先100年後も賑わう場所であるよう、子どもたちをはじめ、若い世代へつないでいくことを目指し、荒町商店街副理事の東海林さんが中心となり「荒町プロジェクト」を立ち上げた。

今回、このプロジェクトの一環として、町探検を通して、荒町商店街に興味・関心をもった2年生の子どもたちが、地域の方々から回文団扇の作り方を教わった。

地域の荒町商店街の副理事の東海林さんから回文団扇について説明をしていただき、荒町の歴史や「荒町プロジェクト」を立ち上げた熱い思いを教えていただいた。

写真1　荒町商店街の東海林さんと打合せ

筆者は、勤務2年目にして、初めて知ったことがたくさんあり、改めて荒町の歴史を知り、回文団扇づくりへの興味・関心も高まった。

事前に、筆者を含め、2年担任3人も団扇を実際に作ってみたが、団扇のふちを付ける作業は、2年生の力だけでは難しいと判断し、保護者から学習サポーターを募ることにした。

写真2　担任が回文団扇づくり体験

子どもたちに「回文団扇づくり」を行うことを知らせると、「しんぶんし」「ひとでとひ」「たけやぶやけた」など、早速回文を考える子どもも見られた。

地域・保護者・子供をつなぐ回文団扇

「回文団扇づくり」の当日、荒町プロジェクトの皆さんをはじめ、地域の商店街の方々・保護者が30数名集まった。

はじめに、回文団扇誕生までのストーリーを2年生に分かりやすく伝えるため、プロジェクトチームの方々が紙芝居を披露した。この紙芝居は、地域の方がイラストを描き、担任が色を塗ったオリジナルの作品である。

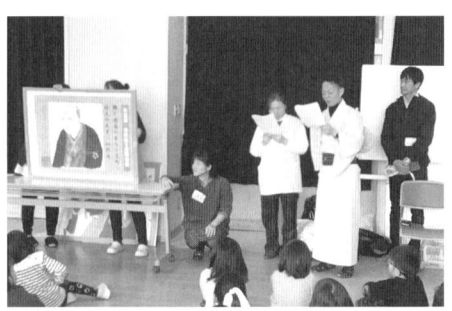
写真3　「回文団扇」についての紙芝居を見る

子どもたちは、紙芝居で荒町の歴史を知り、町探検で訪れた荒町商店街のことを思い出しながら、「荒町には、昔から宝物があったんだね」「早く作りたい！」とつぶやきながら、紙芝居をじっと見ていた。

紙芝居を見た子どもたちは、各学級で「回文団扇

仙台市立荒町小学校教諭
鈴木美佐緒

づくり」に取り組んだ。地域の方々や保護者のサポーターが子どもたちを支援してくださり、子どもたちは、難しい作業を最後までやり遂げることができた。

写真4　回文団扇づくり

回文団扇づくりに取り組んだ皆さんの感想

（1）子ども

- 回文団扇を作れるか心配だったけど、地域の皆さんがお手伝いしてくれたので、上手にできました。世界で一つしかない団扇なので、ずっと大事にしていきたいです。（M児）
- 回文団扇づくりをして、昔の荒町に戻ったような気分になりました。これから少しずつ回文団扇が広まっていくといいなあと思いました。（S児）

（2）保護者

- 荒町に住んでいますが、回文団扇について詳しく知ることができて、とてもよかったです。この回文団扇を通して、荒町が盛り上がるといいなあと改めて感じました。

（3）地域の方々

- かわいい2年生が楽しみながら一生懸命に団扇を作っていた姿が、とても心打たれました。
- 若い子どもにつながっていく活動を、これからも考えていきたいです。
- 初めての荒町プロジェクトを実行にうつすことができたのは、みなさんの協力があったからです。これからも、地域の輪を広げ、すばらしい町づくりをがんばっていきたいと思います。

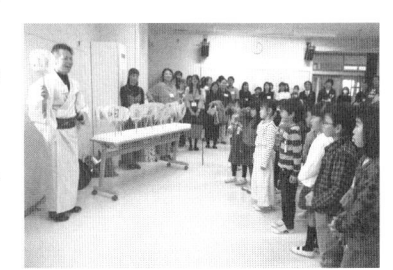

写真5　地域・保護者の皆さん

子どもを学び手に育てる授業

東海国語教育を学ぶ会顧問
石井順治

何のための「対話力」か

本連載の表題は「学び手を育てる対話力」です。今、注目されているのは「対話力」なので、もしかすると、ここまで「学び手を育てる」ということをそれほど意識せず、「対話的学び」のあり方という視点から読んでこられたかもしれません。それはそれでよかったのですが、「対話力」とは「学び手を育てる」ことを目指す力なのだということを曖昧にしたままだと、授業で行う「対話的学び」のありようも違ってくるので、本号では「学び手を育てる」ということについて改めて考えてみることにします。

そう考えてふと思うのは、そもそも「学び手を育てる」ということにどういう意味があるのかということです。それは、学力を高めるとか、そのために「わかる授業」を心がけるとかいうことだけで事足りるものではないことはわかります。つまり「対話的学び」はそういうことだけを目指したものではないということです。いったい「対話力」はなぜそれほど重視されるのでしょうか、それは「学び手が育つ」とどういうかかわりがあるのでしょうか。

子どもを学び手に育てる意味

最近「21世紀型スキル」という文言を目にすることが多くなりました。日本だけで言われていることではなく国際的に注目されているもので、デジタル時代となる21世紀以降必要とされるリテラシー的スキルだということです。「学び手を育てる」というこ

とは、この「21世型スキル」と深くつながっているのです。

もう一つ目を向けなければならないことがあります。第4次産業革命です。それは、ロボット工学、人工知能（AI）、電子コンピュータ、モノのインターネット（IoT）などの多岐にわたる新興の技術革新による産業時代の到来を意味します。つまり、今、私たち教師の目の前にいる子どもたち、これから学校にやってくる子どもたちは、確実にその時代を生きることになるのです。そのことと「学び手を育てる」ということは深くつながっているのです。

第4次産業革命が進展した社会はIT、ロボット等が、産業界においてはもちろん、人間の生活のあらゆる側面で大きなはたらきを行うことになります。そのような時代に求められる人材とはどういう人材なのでしょうか。どういう能力を有しているとよいのでしょうか、それは、新しい技術や考え方を生みだし、それを取り入れて新たな価値を創りだして社会的に大きな変化を起こす創造力とイノベーションだと言われます。つまり、新しいもの、よりよいものを創りだそうとする意欲と実践力が不可欠になるのです。

そういう意欲や実践力は、教師に教えてもらうという学習態度では生まれません。すぐにはできないこと完結しないことを自分のこととしてやってみる、挑む、できる限り探究的に考える、そういう営みがなんとしても必要です。そういう学びへの態度を有する子どもが「学び手」なのです。学ぶ意思を自ら有し、簡単ではないことに対して向き合い、さまざまな工夫と研究を行いながら、主体的に実践する、

●Profile

いしい・じゅんじ　1943年生まれ。三重県内の小学校で主に国語教育の実践に取り組み、「国語教育を学ぶ会」の事務局長、会長を歴任。四日市市内の小中学校の校長を務め2003年退職。その後は各地の学校を訪問し授業の共同研究を行うとともに、「東海国語教育を学ぶ会」顧問を務め、「授業づくり・学校づくりセミナー」の開催に尽力。著書に、『学びの素顔』（世織書房）、『教師の話し方・聴き方』（ぎょうせい）など。新刊『「対話的学び」をつくる　聴き合い学び合う授業』が刊行（2019年7月）。

それが「学び手」なのです。

しかし、それにはいくつもの困難が伴います。自分一人では壁にぶつかり、挫折しかねません。だから「対話力」が必要なのです。他者とつながり、他者の知恵とつなげ、他者とともに気づきを生みだす、そういう協働性がなければ、「21世紀型スキル」は身につかないのです。

学び手を育てる授業

もちろん、子どもを前述したような学び手にするのは簡単なことではありません。何年にも及ぶ学校における学びの経験の蓄積によって少しずつ形づくられていくものだからです。しかし、そうだとしても、1単位時間の授業改善なくしてはその蓄積もできません。まずは小さな取り組みを開始することです。そしてそれを持続することです。

たとえば、社会科の授業で、子どもを学び手に育てるにはどうすればよいでしょうか。算数科の授業ではどうでしょうか。

そう考えると、この連載においてこれまで述べてきたことがすべて大切だったことに気づいていただけるのではないでしょうか。

知識や技能を教えるのではなく、子どもが探究したり取り組んだりして、見つけだしたりできるようにしていく、そういう授業にするためには子どもが魅力を感じる「課題」が必要です。そして、子どもの協働性の象徴である「聴き合う学び方」を育てなければなりません。もちろん、すべての子どもが学ぶには「わからなさ」や「間違い」が忌憚なく出し合えなければなりません。そして、そういう子どもの学びを支える教師のはたらきの見直しがなんとしても必要です。教えることばかり意識してきた教師の指導性は変えなければなりません。子どもの探究を支え励まし方向づけるものに、資料の準備や発問は子ども自身の学びを促進するものに。

子どもが自ら学ぶ学び手になるのは、課題探究的だと思われる教科だけで可能なのではありません。これまで機械的に覚えさせてきたきらいのある漢字の学習であっても、積極的に漢字にアプローチする学び手にすることはできます。計算力のアップだとして計算ドリルによる反復学習に頼ってきた算数・数学の学習であっても、ねらいの定め方や取り組む内容を変えれば、子どもは嬉々として取り組むようになります。

ただ、ここで明確に言っておきたいのは、すべての子どもを主体的な学び手にするには子どもを一人ひとり分断してはならないということです。どれだけ考えても理解できないことは当然発生するし、思い込みや自らの知識の限界で独断的になったり、迷路に迷い込んだりもします。つまり、すべての子どもが「学び手」になるには、仲間との協同性が欠かせないということなのです。そこに「対話力」が求められる所以があります。

今、教師に必要なのは、子どもたちの未来に思いを馳せ、小さな取り組みを開始しそれを持続拡大していくことなのです。

●自ら学ぶ力を育てる初等・中等教育の実現に向けて
～将来を生き抜く力を身に付けるために～

2019年4月3日　公益社団法人 経済同友会

Ⅰ．総論

技術革新や社会の変化が加速し、予測のつかない未来を生き抜く力を身に付けるためには、人生の早い段階で、自ら学び、学びから得られた知識や経験を社会課題の解決に結びつける習慣をつけることが不可欠である。そうした経験から得られる自信は、多様な他者を受け止める寛容さの基盤でもある。

一人ひとり異なる子供たちの能力を最大限引き出すための多様な学びを支えるには、テクノロジーの活用と柔軟な教育制度、コミュニティの参画が必要である。教員の自由度が高まれば、これまで以上に教育の本質に真摯に向き合い、子供たちがワクワクするようなカリキュラムを構築・実践できるようになり、学びの質も高まっていく。そうした好循環を構築し持続させるため、ヒト（教員・事務職員等、学校現場に勤務する人々の機能の見直しと要件の再定義、それらに基づく教員評価・研修プログラムの見直し、教育の本質に立ち返った創意工夫を通じて成果を上げた教員等に報いるインセンティブ設計等）、ツール（遠隔授業、デジタル教科書等）、制度（教員免許制度、教科書検定制度、年齢主義から修得主義への転換、行政機構等）、企業・コミュニティの参画促進をはじめとする教育制度の革新が求められている。

教育制度を取り巻く課題は非常に幅広く、かつ抜本的な改革が必要だが、本提言では、新たな学習指導要領の考え方を早期に実現する観点から、政府等において検討が進められている各種制度および企業が取り組むべきことを中心に、経営者の視点から問題意識を整理した。

Ⅱ．各論：子供たちの多様な学びを実現するために

平成元年３月に告示された学習指導要領は、教育課程編成の一般方針として、「学校の教育活動を進めるに当たっては、自ら学ぶ意欲と社会の変化に主体的に対応できる能力の育成を図るとともに、基礎的・基本的な内容の指導を徹底し、個性を生かす教育の充実に努めなければならない」としている。しかしながら、平成の30年間を経て、当該指導要領に基づく教育を受けた社会人が、こうした能力を十分備えているとは言い難い。

経営者は、自らを育てる能力を有する人材、言い換えれば、①自身の関心・強みを特定し、アプローチを工夫して結果が出るまでやり抜く責任感と意思の強さを持った人材、②加速する技術革新を適切に利活用できる倫理感と社会性を有する人材、③多様性を受け止める寛容さと自身を表現する力を有する人材——を求めており、企業に所属するか否かに関わらず、将来社会を生き抜く上で、こうした資質・能力がますます重要になると考えている。

まず、初等・中等教育において、学習内容が身に付いていても付いていなくても、一定の年齢に達すれば進級・卒業していく仕組みでは、自ら学び、課題を解決する方法を模索し、納得のいくまでやり抜く習慣は身に付かないため、小学校高学年以降、年齢主義から修得主義への転換を図るべきである。

また、高等教育機関の教員養成課程および国・地方公共団体等が実施している教員研修においては、学びと心の両面で子供の成長を育むためのスキル修得を重視することや、学習の個性化を図る観点から、義務教育の外にあるさまざまな選択肢を含め、子供たちの能力を最大限引き出す機会を提示できるような経験に幅のある人材育成を求める。

1．教員養成・研修制度、教員免許制度の抜本改革

技術革新や社会の変化に伴い、学校教育に対する期待も変化する中、教員に求められる資質・能力も抜本的に変わりつつある。教員養成については、中央教育審議会答申『これからの学校教育を担う教員の資質能力の向上について』（平成27年12月）を踏まえ、教育職員免許法および同施行規則の改正や『教職課程コアカリキュラム』（平成29年11月）の策定等が行われてきた。また、中央教育審議会は、『新しい時代の教育に向けた持続可能な学校指導・運営体制の構築のための学校における働き方改革に関する総合的な方策について（答申）』（平成31年1月、以下、働き方改革答申）において、教師の養成・免許・採用・研修全般にわたる改善・見直し等について、引き続き検討を行うこととしている。

初等・中等教育の教員は、子供たちが人生の早い段階で、自ら学び続ける習慣をつける上で非常に重要な役割を果たすことから、文部科学省および各地の教育委員会に対し、以下の改善・見直しを求める。

（1）多様化する社会に対応した教員養成課程・教員研修への見直し

① 教員の専門性の再定義

外国人材の増加や経済格差の拡大等に対応しつつ、子供たちの学びの質を高めるには、教員・事務職員等、学校現場に勤務する人々の機能の見直しが必要である。動画や遠隔授業、AI教材等、コンテンツのイノベーションが進展する中、教員に求められるのは、子供たちがワクワクするようなカリキュラムを構築・実践し一人ひとりの興味・関心を引き出すことや、同級生等とのディスカッションを活性化し、各々が自らゴールを設定し学ぶ習慣を身に付けられるよう導くこと等である。

学習指導要領の改訂を踏まえ、教育職員免許法施行規則は、各教科の指導法、教育課程の意義及び編成の方法、教育の方法及び技術、道徳の理論及び指

導法、総合的な学習の時間の指導法並びに特別活動の指導法においては、アクティブ・ラーニングの視点を取り入れることとしている。しかしながら、各教科の指導法に関し、教職課程コアカリキュラムの示す一般目標は、「学習指導要領に示された当該教科の目標や内容を理解する」および「基礎的な学習指導理論を理解し、具体的な授業場面を想定した授業設計を行う方法を身に付ける」の2点であり、教科を問わず教員に求められる専門性の一つであるファシリテーション・スキルの向上等には重点が置かれていない。

　教員の専門性を早期に再定義するとともに、大括り化した施行規則の科目区分から「教育の方法及び技術」を独立させ、教員が提供すべき最大の付加価値である、学びと心の両面で子供の成長を育むためのスキル修得について、教員養成課程における必要単位のウェイトを高めるべきである。

② 教員養成課程・教員研修等への企業インターンシップの導入

　一人ひとりの興味・関心に応じた学びの機会を用意する上で不可欠な「社会に開かれた教育課程」を実現するためには、その核となる教員が、教育現場のみならず、企業を含む社会のさまざまな現場を経験することが有益である。また、教員の働き方改革を着実に進めるためには、学校現場のマネジメント力向上が不可欠である。

　このため、教員養成課程に在籍する学生については、教育職員免許法施行規則を改正し、企業インターンシップについても、学校インターンシップ同様、教育実習の単位として認定可能にすべきである。

　また、現職の教員についても、着実にマネジメント力の向上を図り、また子供たちに多様な選択肢を提示できるよう幅広い経験を積む観点から、教育公務員特例法施行令を改正し、特に校長・副校長・教頭等を目指す教員については、夏休み期間等を活用し、4週間程度の企業インターンシップを経験させることを任命権者に義務づけるべきである。各地経済団体等は、中堅教諭等を含め、インターンシップを希望する教員に対する企業の機会提供を積極的に支援する。

（2）教員免許制度の抜本改革

　加速する技術革新および学習の個性化への対応を進めるためには、幅広い経験と高度な専門性を有する多様な人材が学校運営に参画し、学びの質を向上させる必要がある。先に述べた教員の専門性および教育関係者の役割の再定義を進めると同時に、免許制度や評価制度、インセンティブ設計等も抜本改革する必要がある。

　しかしながら、新たな制度設計と実施には一定の時間を要することから、第一段階としては、特別免許状制度の活用を促進すべきである。具体的には、多様な人材を教育現場に登用するとともに、免許外教科担任にかかる現状を改善するため、2021年度からプログラミングの内容が倍増される中学校の技術および高等学校の情報の分野で同制度の活用を強力に促進すべきである。

　文部科学省は、特別免許状の授与に係る教育職員検定等に関する指針（平成26年6月19日、文部科学省初等中等教育局教職員課）を見直し、現在勤務校が負っている特別免許状所有者の研修計画の立案・実施の責任を都道府県教育委員会が負うこととするとともに、同免許状の授与を受けた後3年以上の学校勤務経験がない者の配置割合の上限を緩和すべきである。企業は、情報および技術における人材供給に積極的に協力する。

2．テクノロジーを活用し、学びの質を高めるための規制・制度改革

　子供たちの学びの質を高めるためには、テクノロジーの活用による、学びの効率化と教員の働き方改革が不可欠である。しかしながら、学校におけるICT環境の整備とテクノロジーの活用は、社会全般に比して大きく遅れている。

（1）年齢主義から修得主義への転換

　従来は、一人ひとりの進度・理解度に応じた学びを提供するには途方もないマンパワーが必要だったが、テクノロジーを活用することで、一定の領域においては、指導の個別化と子供たちの学びの効率化を図れるようになり、いずれは一人ひとりに最適なカリキュラムをAIが導き出すようになる。また、例えば歴史の年号等、暗記しなくとも検索すれば直ちに調べられる情報も多くなった半面、自分が関心を持った情報にしかアクセスせず、その真偽や大局的な観点からの検証を経ないまま、信じてしまうという問題が生じている。

　こうした中、自ら適切にゴールを設定するための基礎的な知識構造と読解力の重要性がこれまで以上に高まっている。また、AIの普及が加速する中、革新の進む技術を適切に活用するための倫理観や、AIに代替されない能力を発揮するためのリベラル・アーツにつながる全人的な教育の基礎も義務教育課程において身につける必要がある。

　学校教育法第17条は、義務教育の範囲を年齢で定め、同施行規則は別表において、各教科等それぞれの授業時数や各学年におけるこれらの総授業時数の標準を定めているが、スタディ・ログの活用により、一人ひとりの進度・理解度をより精緻に把握することが可能になった現在、こうした一律の定めは撤廃すべきである。また、将来にわたり個々人の能力を最大限発揮させる観点から、文部科学省は、いわゆる飛び級の制度化や原級留置の運用についても改めて検討し、本人の修得レベルに応じた教育を提供すべきである。

　2016年に制定された義務教育の段階における普通教育に相当する教育の機会の確保等に関する法律は、附則において、「施行後三年以内にこの法律の施行の状況について検討を加え、その結果に基づき、教育機会の確保等の在り方の見直しを含め、必要な措置を講ずる」としている。同条項に基づく見直しに際しては、年齢主義に基づき、16歳以上を「学齢期を経過した者」として区分するのではなく、小学校高学年以降、修得した基礎学力の状況に応じた学年に在籍し学習の機会を得られるようにすることで、人生を通じて一人ひとりがその能力を最大限発揮するための礎となる義務教育制度へと変革すべきである。

（2）遠隔教育に関する規制の緩和とICT環境の整備

　現行制度は、遠隔授業を「合同授業型」「教師支援型」「教科・科目充実型」の3つの類型に分けており、「合同授業型」および「教師支援型」においては、受信側の教室に、免許外教科担任を含む当該教科の免許状を保有する教師が立ち会うことを前提としている。一方「教科・科目充実型」は、当該教科の免許状の有無を問わず当該学校の教師が立ち会っていれば実施可能で、生徒の多様な科目選択を可能とすることなどを目的に、高等学校においてのみ認められている。

　しかしながら、免許外教科担任の教科別の許可件数を見ると、所有免許状教科と関連が深く、相応に専門性のある教科を担当しているとは言えない。こうした状況を踏まえれば、免許外教科担任が立ち会っていることと、当該教科の免許状を有しない当該学校の教師が立ち会っていることの間に合理的な差は認められない。

　文部科学省は、中学校においてプログラミングの内容が倍増される2021年度に先立ち、2020年度までに遠隔教育の推進に向けた施策方針を見直し、高等学校同様、小・中学校においても、ニーズに柔軟に対応して「教科・科目充実型」の遠隔授業を実施可能にすべきである。

　また、学校におけるICT環境の整備については、2014〜2017年度は毎年1,678億円（総額6,712億円）、2018年度からは同1,805億円の地方財政措置を講じてきたが、地方公共団体においては社会保障等の支出が優先され、教育現場のICT化は進んでいない。こうした現状を踏まえ、文部科学省は、総務省と連携し、生徒の所有するICT機器等も活用しながら（BYOD）、学習者用端末1人1台かつWi-Fi接続

を可能にするとともに、互換性、価格等を考慮した標準仕様や効率的な機器の調達方法等を示すべきである（図表1、2）。なお、企業は、ICT支援員等の人材供給に協力する。

（3）オンライン結合制限規定等の見直し

行政機関個人情報保護法はオンライン結合を禁止していないにもかかわらず、多くの地方公共団体で

はオンライン結合が制限されていることから、総務省は、『個人情報保護条例の見直し等について（通知）』（平成29年5月19日）において、地方公共団体においても、同法の趣旨を踏まえて個人情報保護条例の見直しを行うなど適切に判断することを求めている。しかしながら、市区町村等において同条項の抹消が進んでおらず、学校現場におけるクラウドサービスの利用を抑制している。

	目標	全国平均	最高	最低
学習者用コンピュータ	3クラスに1クラス分程度	5.6人／台	1.8人／台 （佐賀県）	7.9人／台 （埼玉県）
普通教室の無線LAN整備率	100%	34.5%	68.6% （静岡県）	9.4% （福岡県）
統合型校務支援システム	100%	52.5%	96.1% （愛知県）	1.4% （長崎県）

図表1　学校における教育の情報化の実態
（資料）文部科学省『学校における教育の情報化の実態等に関する調査結果』（平成30年3月現在）

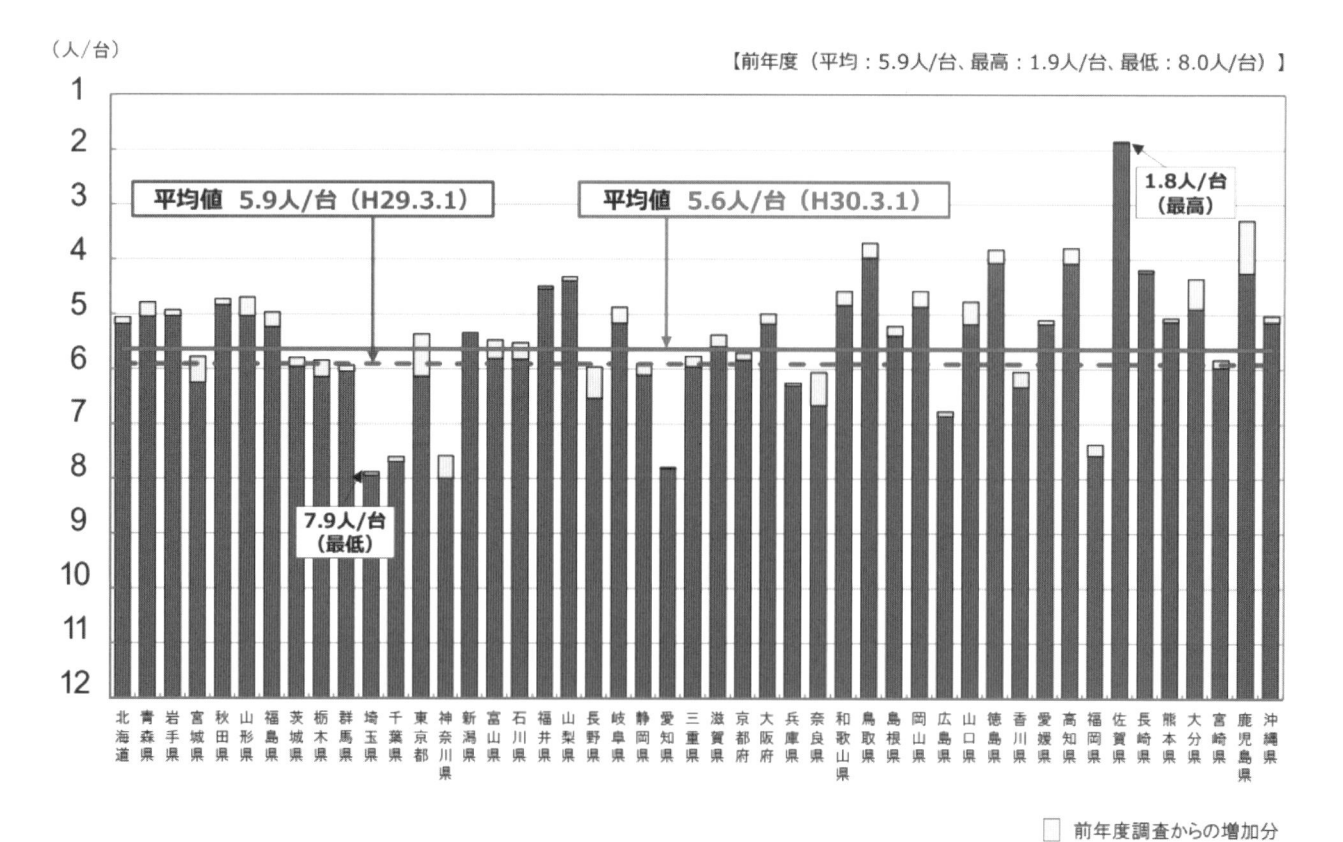

図表2　教育用コンピュータ1台当たりの児童生徒数
（資料）文部科学省『学校における教育の情報化の実態等に関する調査結果』（平成30年3月現在）

総務省は、条例改正が進まない理由を調査し、改めて適切な対応を行うべきである。また、文部科学省は、2019年度中に行うとしている教育情報セキュリティポリシーガイドラインの見直しを前倒しするとともに、免許状更新講習規則第4条を改正し、同内容を研修の必修項目とすべきである。

（4）教科書制度の改革

2019年4月の改正学校教育法等の施行により、検定済教科書の内容を電磁的に記録したデジタル教科書がある場合には、教育課程の一部において、紙の教科書に代えて使用できることとなったが、あくまで紙の教科書が主で、必要に応じてデジタル教科書を併用するという位置づけである。

教育の情報化に対応するとともに、学習の質を高める観点から、教科書制度の本質的な見直しが必要である。その第一段階として、紙の教科書に代えて学習者用デジタル教科書を使用できるのは、各学年における各教科等の授業時数の2分の1未満であるとした告示（平成30年文部科学省第237号）を直ちに撤廃するとともに、デジタル教科書の活用に関するエビデンスの蓄積と並行して、デジタル教科書単体での発行を可能にする検定等のあり方についても検討を急ぎ、早期に結論を得るべきである。同時に、多様な主体の創意工夫を通じ、教員と子供たちに多くの選択肢を提示する観点から、義務教育諸学校の教科用図書の無償措置に関する法律施行令を見直し、発行主体の資本金および役員要件を緩和すべきである。また、自然科学や史実等、「真実」とされる内容が刻々と変化する中にあって、4年という教科書の最低使用期間にかかる規制も撤廃すべきである。加えて、学校教育法の定める教科用図書採択地区制度の見直しや、教科用図書検定調査審議会の委員を教育のデジタル化を踏まえた構成とする等の改革も進めるべきである。

3．企業・コミュニティの役割

中央教育審議会は、働き方改革答申において、これまで学校・教師が担ってきた代表的な業務のうち、「基本的には学校以外が担うべき業務」「学校の業務だが、必ずしも教師が担う必要のない業務」「教師の業務だが、負担軽減が可能な業務」に該当するものを整理し、限られたリソースを教員が真に専門性を発揮すべき領域に集中的に投入することを目指している。

学習の質を高める観点から、こうした働き方改革を実現するためには、さまざまなステークホルダーの理解と協力が不可欠であり、保護者でありコミュニティの構成員でもある社員を抱える企業としても応分の役割を果たしていく。

（1）採用プロセスの変革
①能力の高い10代とプロフェッショナルとして契約する

スポーツや将棋の世界では、高い能力を有する10代をプロと認め、グローバルな活躍を後押ししている。また、大学や大企業にも、19世紀から20世紀初頭の20〜30代が興したベンチャー等に由来するものが少なくない。しかしながら企業は近年、プロかどうかの判断を大学の卒業証書に頼ってきた。

企業も自社のビジネス領域において確固たる"プロ"の評価基準を整えるとともに、コンテスト等を主催して、義務教育を終えた10代の資質・能力を顕在化させる。また、そうした人材には、年功序列に代表される伝統的雇用慣行にとらわれない契約・報酬体系とキャリアプランを用意し、社会人としての成長を促しつつ、ビジネスの現場で早期に活躍の機会を提供する。

なお、こうした人材がライフステージを通じて就業と学びを行き来して活躍するためには、企業と教育現場の双方に柔軟性が求められる。

②通年採用の主流化を図る

　企業の行動は、高等教育機関における人材育成に影響を与え、ひいては初等・中等教育にも影響を与えている。われわれ経営者は、教育課程とのインターフェースである採用プロセスの変革、特に通年採用の主流化を図るとともに、学業成績および社会課題への取り組みを重視した採用への転換を着実に進めていく。また、海外留学等を含む多様な経験が、就職活動において評価されることはあっても決して不利にはならないことを含め、求める人材像を子供たちおよび教育機関等に分かりやすく伝える努力を継続する。

（2）社員・OB等の教育への関与を推進する

　子供たち一人ひとりの興味・関心に応じた学びの機会を提供することで、個々の能力を磨き育てるとともに、学んだ知識・技能を社会課題の解決につなげる方法を体感してもらうためには、各分野における専門性や幅広い経験を有する人材に、教育に関与してもらうことが重要になる。そのためには、教員免許制度の見直しとあわせ、企業がこうした人材供給源となることが欠かせない。

　現役社員については、ボランティア休暇等を活用し、教壇に立ったり、教材開発・提供に貢献したりすることを推進する。また、定年等で新たなライフステージを迎える社員は、海外経験を含む幅広い経験と専門性を活かして教壇に立つことに加え、保護者等への対応や事務の効率化をはじめとする学校運営においても、企業で培った経験を活かすことができる。企業は、退職手続にかかる説明会等における情報提供および地域の教育委員会との連携等を通じ、特別免許状の取得や非常勤講師等としての活躍を支援する。

　また、子供たちの学びの場は教室内に限らない。コミュニティを構成する人々が人生100年時代をより豊かに生きるためには、子供たちと高齢者がともにプログラミングやアートを学ぶなど、義務教育の外側にある学びの場を充実させることが必要である。企業は、地域学校協働活動推進員等への人材供給や、学びと社会の連携推進事業等への参画を通じ、役割を果たしていく。

Ⅲ. おわりに

　技術革新の加速や「人生100年時代」の到来等により、20歳代初頭まで教育機関で連続的に勉強し、就職後はOJT等を受けながら働き続けて定年を迎えるという人生設計がリスクフリーではなくなった。継続的なスキルの更新や社会のニーズに応じたキャリア・チェンジが求められる中、ライフステージを通じて就業と学びを柔軟に行き来することが期待されている。こうした時代を生き抜くためには、人生の早い段階で、子供たちの疑問・好奇心を入口に、自ら学び続ける習慣をつける必要がある。

　先に述べた通り、今回は、小学校では2020年度から、中学校では2021年度から実施される学習指導要領の考え方を実現する観点から提言をとりまとめたが、指摘した事項はわれわれの問題意識・議論の一部に過ぎない。約10年に一度という学習指導要領の改訂間隔および定めている内容の細かさ、学校経営のあり方、都道府県教育委員会の事後チェック機関化を含む行政機関全般の役割分担の見直し等、変化する時代に対応するため、義務教育制度を抜本に見直すべき時期が来ている。

　われわれ経営者も、横並び主義やことなかれ主義、自前主義、総花主義といった、日本企業の競争力を損なっている諸慣習の打破に取り組むとともに、教育委員として地域の教育政策に携わることや、企業における人材供給やインターンシップの受け入れ、実践的な課題の提供等を通じ、将来社会を生き抜く力を有する次世代の育成にさまざまな側面から主体的に携わっていく。

当たり前の幸せ、生かされている命

群馬県富岡市立高瀬小学校長

富岡紀夫

　それは突然の出来事だった。平成30年9月4日未明、いつもと違う腹痛で冷や汗が止まらない。1時間我慢しても治まらず、公立富岡総合病院の救急外来にお世話になった。当直の先生は、「急性胃腸炎でしょう。痛み止めの点滴をして、様子を見ましょう」とおっしゃった。それでも腹痛は治まらず、午前3時、急遽入院することとなった。点滴をしながらベッドの上でうずくまっていた。時間がゆっくり流れていた。ようやく朝になり、専門医の下で腹部に造影剤を注入し、CT画像を撮った。病室に戻り、しばらくすると専門医が来室した。

　「このまま放置しておくと大変なことになるので、すぐに手術をしましょう！」治療に選択の余地はなかった。病名「絞扼性イレウス（腸閉塞）」。血行障害を起こしている小腸が時間の経過とともに壊死し、放置しておくと小腸破裂や多臓器不全を起こし、命にかかわるとのことだった。その日の午前中に、緊急手術を行った。小腸が壊死していた部分（45cm）を切除した。後に、主治医に尋ねて分かったことだが、この病気は放置しておくと百パーセント死亡するとのことだった。

　当たり前の日常がその日を境に一転した。入院という非日常生活を初めて経験し、生かされている命と当たり前の幸せに改めて気付かされた。教職36年

目にして初めて治療のため3週間学校を休むことになり、6年生最後の運動会に参加できなかった。その無念さは、退院後、校内持久走記録会では必ず6年生と一緒に走るという決意に変わった。それから約2か月。はじめのうちは階段を上るだけで太ももの筋肉が悲鳴を上げ、歩く程度のゆっくりジョグがやっとだった。無理をしすぎて病院へ逆戻りでは、再び多くの人に迷惑をかけてしまう。さりとて、何もしないで時間が過ぎるだけでは、2か月後の校内持久走記録会を6年生と走ることができない。ちょっとだけ無理をして、毎日少しずつ頑張ろうと覚悟を決めた。そして迎えた11月29日。自然と心がときめく。6年生と一緒に走れた喜びは、感動に姿を変えた（写真右が筆者。左はボランティアランナーの佐俣久美子さん）。目標があると人間は強くなれる。日々の過ごし方が変わる。第2学期のテーマは「挑戦する心」だ。感じる心、頑張る心、優しい心、くじけない心が磨かれると、充実感や達成感を味わうことができる。想定外の出来事のおかげで非日常生活を体験でき、この四つの心に遭遇することができた。命をつないでくれた神様や自らに挑戦するチャンスを与えてくれた神様、そして、当たり前の幸せを再発見させてくれた家族やお世話になった皆様に心から感謝している。校長最後の令和元年度、ラストRUN！

1000人の1歩

H27530 小松海岸 (2015 ゴミゼロ運動)

学校法人生光学園　生光学園中学校長

佐近隆義

　わが校長室には、美しい砂浜を写した海岸の写真パネルが飾ってある。これがとっておきの「私の一品」である。場所は徳島市小松海岸、撮影日は平成27年5月30日早朝8時ころに撮られたものだ。

　この日は、530（ゴミゼロ）運動にひっかけた海岸清掃が、あった。早朝6時にボランティアで集まった500名余りの有志が、海岸の流木・木くず・貝殻そして人工ゴミを集めるのである。

　集合時に眺めた海岸は、あまりにも広すぎ、おまけにごみだらけで、初参加の私は「これだけの人数で頑張ったとしても一部しかきれいにならないだろう」と感じた。

　ところが1時間後、その予想は見事に覆された。それがパネルの写真である。

　このときが、わが校が『めざせ！　ゴミゼロ運動in小松』に初参加した日であった。当時このイベントは既に4回目を数えていた。実は、この運動へのお誘いは、3年前の第1回目よりいただいていたのだが、お断わりを続けていた。私の中で「お休みの早朝、ボランティアを募っても集まらない、30人集まればいいところ……」と見切っていたのかもしれない。学園（うちは幼小中高揃った総合学園）をあげての参加となれば、ある程度の数字を集めなければ恥ずかしい、という思いが私の本音でもあった。

　しかし5月30日早朝、あの日、ふたをあければ、なんと105名もの学園関係者が海岸に来てくれた。「30人集まれば……」と、はなから見切っていた自分を心底恥じた。

　この運動の発起人が謳っている「1人の1000歩より1000人の1歩」のスローガンにも感動した。

　紀伊水道に面した広い砂浜に散在するゴミが、わずか1時間足らずで見事に、何ひとつないビーチに変わるのを見るのは“快感”そのものである。参加してくれたお一人お一人も、そのことを実感してくれている。だからこそ、翌年さらに仲間を連れて参加してくれるのだと思う。

　あれから5年、学園としての参加者は年々増え続けている。今年はなんと、270名の幼稚園から高校までの園児・児童・生徒やその保護者が、海岸に集結してくれた。そして全体参加者は今や、念願の1000名を超え1050名であったと主催者発表があった。

　校長室に飾られたこのパネルを眺める度に、次のことを再確認している。

　「信は力なり」そして「1000人の1歩」

好評発売中！

次代の学びを創る 学校教育実践情報シリーズ

リーダーズ・ライブラリ
Leader's Library

全12巻

A4判、本文100頁（巻頭カラー4頁・本文2色／1色刷り）、横組

ぎょうせい／編

各巻定価（本体1,350円＋税）各巻送料215円
セット定価（本体16,200円＋税）送料サービス

これからのスクールリーダーを徹底サポート。
新課程下の「知りたい」を即解決！

■各巻特集テーマ

学校教育・実践ライブラリ　Vol.8

気にしたい子供への指導と支援
～外国につながる子・障害のある子・不登校の子の心をひらく～

令和元年12月1日　第1刷発行

編集・発行　　株式会社ぎょうせい

　　　　　〒136-8575　東京都江東区新木場1-18-11
　　　　　電話番号　編集　03-6892-6508
　　　　　　　　　　営業　03-6892-6666
　　　　　フリーコール　　0120-953-431
　　　　　URL　https://gyosei.jp

〈検印省略〉

印刷　ぎょうせいデジタル株式会社
乱丁・落丁本は、送料小社負担のうえお取り替えいたします。
©2019　Printed in Japan.　禁無断転載・複製

ISBN978-4-324-10617-4（3100541-01-008）〔略号：実践ライブラリ8〕